essentials

essentials liefern aktuelles Wissen in konzentrierter Form. Die Essenz dessen, worauf es als „State-of-the-Art" in der gegenwärtigen Fachdiskussion oder in der Praxis ankommt. *essentials* informieren schnell, unkompliziert und verständlich

- als Einführung in ein aktuelles Thema aus Ihrem Fachgebiet
- als Einstieg in ein für Sie noch unbekanntes Themenfeld
- als Einblick, um zum Thema mitreden zu können

Die Bücher in elektronischer und gedruckter Form bringen das Fachwissen von Springerautor*innen kompakt zur Darstellung. Sie sind besonders für die Nutzung als eBook auf Tablet-PCs, eBook-Readern und Smartphones geeignet. *essentials* sind Wissensbausteine aus den Wirtschafts-, Sozial- und Geisteswissenschaften, aus Technik und Naturwissenschaften sowie aus Medizin, Psychologie und Gesundheitsberufen. Von renommierten Autor*innen aller Springer-Verlagsmarken.

Constantin Frank-Fahle · Marcel Trost

Markteinstieg in Pakistan

Investment Guide Emerging Markets

Constantin Frank-Fahle
emltc
Abu Dhabi/Dubai, United Arab Emirates

Marcel Trost
emltc
Abu Dhabi/Dubai, United Arab Emirates

ISSN 2197-6708   ISSN 2197-6716   (electronic)
essentials
ISBN 978-3-658-42996-6   ISBN 978-3-658-42997-3   (eBook)
https://doi.org/10.1007/978-3-658-42997-3

Die Deutsche Nationalbibliothek verzeichnet diese Publikation in der Deutschen Nationalbiblio-
grafie; detaillierte bibliografische Daten sind im Internet über http://dnb.d-nb.de abrufbar.

Planung/Lektorat: Irene Buttkus
Springer Gabler ist ein Imprint der eingetragenen Gesellschaft Springer Fachmedien Wiesbaden
GmbH und ist ein Teil von Springer Nature.
Die Anschrift der Gesellschaft ist: Abraham-Lincoln-Str. 46, 65189 Wiesbaden, Germany

Das Papier dieses Produkts ist recyclebar.

Was Sie in diesem *essential* finden können

- Einführung in das pakistanische Investitionsrecht
- Einführung in das pakistanische Gesellschafts-, Steuer- und Arbeitsrecht

Geleitwort

Liebe Leserinnen und Leser,

Pakistan ist ein unglaublich lebhaftes, vielfältiges, spannendes, junges und buntes Land und damit auch ein spannender und zudem stark wachsender Markt. Gleichzeitig wirkt die wahrgenommene Nähe zum krisengeschüttelten Nachbarn Afghanistan für viele potenziell am Markt interessierte Akteure abschreckend – genauso wie die überbordende Bürokratie und empfundene politische Unsicherheit.

Sicherlich ist der Eintritt in den pakistanischen Markt kein Selbstläufer, aber ein genauer Blick lohnt sich.

Der Markt wächst und gerade deutsche Marken genießen in Pakistan ein hohes Ansehen und sind sehr begehrt. Die entsprechenden staatlichen Stellen wie das Board of Investment (BOI) oder die Special Technology Zones Authority haben zudem Mechanismen entwickelt, um im Rahmen eines Single-Window-Ansatzes alle Belange für interessierte Investoren zu bedienen.

Blicken wir makroökonomisch auf Pakistan, so mag das Bild auf den ersten Blick abschreckend wirken. Taucht man tiefer in die Materie ein, so wird man aber gewahr, dass der pakistanische Markt eine faszinierende Resilienz aufweist, die ihn immer wieder vor nahezu unausweichlich geglaubten Krisen bewahrt. Dies erlaubt freilich nur begrenzt eine Aussicht in die Zukunft, dürfte aber zumindest für die Schaffung eines gewissen Grundvertrauens zuträglich sein.

Mit dem noch laufenden Programm des Internationalen Währungsfonds (IWF) hat Pakistan grundsätzlich eingewilligt, tiefgreifende und strukturelle Wirtschaftsreformen umzusetzen und den Markt zunehmend zu öffnen. Dies geschieht nicht von einem auf den anderen Tag, aber internationale Indizes wie der Ease of Doing Business Index bestätigen Pakistan einen positiven Trend, den es fortzusetzen gilt.

Ein entscheidender Schritt, der im Jahr 2022 gelungen ist, ist die Betreuung Pakistans durch die Niederlassung der deutsch-emiratischen Industrie- und Handelskammer (AHK) mit Sitz in Dubai. Hiermit ist erstmals eine AHK offiziell für den pakistanischen Markt zuständig und es steht zu hoffen, dass der jetzige Pakistan Desk der AHK auch durch Ihr Interesse am pakistanischen Markt schon bald zu einer echten Vertretung in Pakistan selbst ausgebaut werden kann. Ebenfalls aus Dubai wird Pakistan von der Germany Trade und Invest (GTAI) betreut und unterstützt.

Seitens der deutschen Auslandsvertretungen in Pakistan können Sie sich sicher sein, dass wir Sie bei all Ihren Bemühungen in Pakistan nach Möglichkeit politisch flankieren werden, wofür wir aber auch auf Ihre Mithilfe angewiesen sind. Wenden Sie sich bei entsprechenden Investitionsvorhaben gerne schon früh an die Botschaft und halten Sie uns auf dem Laufenden.

Alles Gute für Ihre wirtschaftliche Tätigkeit in Pakistan.

Islamabad   Botschafter Alfred Grannas
August 2023

Vorwort

Seit der Aufnahme der diplomatischen Beziehungen am 15.10.1951 zwischen der Bundesrepublik Deutschland und Pakistan pflegen die beiden Länder enge wirtschaftliche und politische Beziehungen. Das gestiegene Interesse Deutschlands an einer engeren Zusammenarbeit mit Pakistan wurde nicht zuletzt im Rahmen einer hochrangigen deutschen Delegationsreise nach Islamabad Anfang 2022 deutlich. Mit der Botschaft in Islamabad und dem Generalkonsulat in Karatschi hält Deutschland Vertretungen sowohl in der Hauptstadt als auch in der Wirtschaftsmetropolregion.

Das Rechtssystem Pakistans findet seinen Ursprung im angelsächsischen Recht und weist insofern große Unterschiede zum deutschen Rechtssystem auf. Im Hinblick auf ausländische Direktinvestitionen wurde zwischen beiden Ländern am 25.11.1959 das erste moderne Investitionsschutz- und Förderabkommen (Bilateral Investment Treaty) abgeschlossen. Dieses sollte das internationale Investitionsschutzrecht in den kommenden Jahrzehnten prägen.

Statistisch gesehen waren im Jahr 2021 mehr als 40 deutsche Unternehmen auf dem pakistanischen Markt vertreten, zu welchen auch zahlreiche börsennotierte Unternehmen gehören. Im Oktober 2021 hat die deutsche Fluggesellschaft Lufthansa Bemühungen angestellt, wieder Direktflüge nach Pakistan anzubieten. Insofern ist erkennbar, dass der pakistanische Markt bei deutschen Unternehmen durchaus Interesse weckt und von Relevanz sein kann.

Das Land bietet eine Reihe an Investitionsmöglichkeiten. So wirbt es in erster Linie mit einem erleichterten Markteintritt in verschiedene Sektoren, u. a. im Textil- und IT-Sektor. Im Hinblick auf IT-Dienstleistungen hat sich Pakistan zu einem weltweiten Outsourcing-Hub entwickelt und bietet in der Software-Entwicklung und -Qualitätssicherung einen hervorragenden Standard. Die Vorherrschaft des Landes im Bereich des Outsourcings ist auf eine Vielzahl von qualifizierten und talentierten Arbeitskräften zurückzuführen, deren Qualität über die Grenzen Pakistans hinaus bekannt und anerkannt sind. Vor diesem Hintergrund verwundert es nicht, dass pakistanische Einrichtungen und Organisationen massiv in die Gründung und Stärkung der IT-Infrastruktur und des Projektmanagements investieren.

Trotz des vielversprechenden Potenzials Pakistans hemmen gegenwärtige politische Ereignisse und regionale Krisen die jüngsten Fortschritte. Der Afghanistan-Konflikt, das Misstrauensvotum gegen den Ex-Premierminister Imran Khan und der daraus resultierende Regierungswechsel behindern die wirtschaftliche Entwicklung Pakistans. Vor diesem Hintergrund wird mit Spannung zu verfolgen sein, wann es zu Neuwahlen kommt und ob es Imran Khan gelingen wird, sich zu rehabilitieren.

Handelspolitisch stellt die strategische Partnerschaft mit China ein bedeutendes Element für Pakistan dar. Das China-Pakistan Free Trade Agreement (CPFTA) bietet umfangreiche Zollerleichterungen und -befreiungen. Derzeit wird die zweite Phase des CPFTA verhandelt und es steht zu erwarten, dass weitere Einfuhrerleichterungen nach China greifen werden.

Auch in europäischer Hinsicht genießt Pakistan enorme Bedeutung, zumal Europa größter Exportmarkt des Landes ist. Mit Abschluss des sog. EU-Pakistan Strategic Engagement Plan (SEP) bekräftigten beide Seiten, die langfristige, zukunftsorientierte und breit angelegte Partnerschaft für Frieden, Entwicklung und Wohlstand weiter zu stärken. Zudem gewährt die Europäische Union für Ursprungswaren aus Pakistan im Rahmen des Allgemeinen Präferenzsystems Plus (Generalized System of Preferences Plus – GSP+) bestimmte Zollpräferenzen. Diese sind u. a. daran geknüpft, dass Pakistan seine Menschenrechtsstandards auf ein internationales Niveau hebt.

Schließlich muss ein besonderes Augenmerk auf menschen- und umweltrechtliche Aspekte geworfen werden. Gerade in den Emerging Markets hinken diese phasenweise dem internationalen Standard hinterher. Sicherlich wird die Einhaltung von Menschenrechten und Umweltstandards durch die Einführung des Lieferkettensorgfaltspflichtengesetzes (LkSG) beim Einsatz pakistanischer Lieferanten auch aus deutscher Perspektive an Bedeutung gewinnen. Entsprechendes gilt mit Blick auf die korrespondierende Europäische Richtlinie (Richtlinie über die Sorgfaltspflicht gegenüber Unternehmen im Bereich der Nachhaltigkeit), zu welcher die Europäische Kommission im Februar 2022 einen Vorschlag ausgearbeitet und den verschiedenen Gremien der Europäischen Union unterbreitet hat.

Ungeachtet dessen macht Pakistans schnell wachsende Mittelschicht das Land nicht nur zu einem reinen Produktionsstandort, um Waren und Dienstleistungen zu exportieren. Vielmehr rücken hierdurch der eigene Markt Pakistans und dessen Möglichkeiten in den Fokus ausländischer Investoren.

Wir wünschen Ihnen viel Freude bei der Lektüre und sind dankbar für Anregungen, Kritik und Ergänzungsvorschläge.

Abu Dhabi/Dubai/Lahore   Dr. Constantin Frank-Fahle, LL.M.
August 2023   Rechtsanwalt und Gründungspartner
emltc (Emerging Markets – Legal.
Tax. Compliance.)

Marcel Trost
Rechtsanwalt und Gründungspartner
emltc (Emerging Markets – Legal.
Tax. Compliance.)

Inhaltsverzeichnis

Einführung

1

1.1 Allgemeine Informationen

1.1.1 Geschichte und politisches System

Die islamische Republik Pakistan entstand am 14.08.1947 als unabhängiger souveräner Staat aus der Teilung des ehemaligen Britisch-Indien. Pakistan bestand zunächst aus zwei voneinander getrennten Landesteilen (West- und Ostpakistan). In Folge des Bangladesch-Krieges kam es im Jahr 1971 zur Abspaltung der Exklave Ostpakistan. Durch den anschließenden Bürgerkrieg unter Intervention Indiens wurde Ostpakistan zum heutigen Bangladesch und Westpakistan zum heutigen Pakistan.

Seit der Unabhängigkeit des Landes wurde Pakistan über lange Phasen vom Militär kontrolliert. Mit den Parlaments- und Präsidentschaftswahlen im Jahr 2008 wurde der friedliche Übergang von der Militärherrschaft zur Demokratie vollzogen. Zum ersten Mal in der Geschichte Pakistans gelang im Jahr 2013 der Wechsel von einer demokratisch gewählten Regierung zur nächsten. Drei Jahre zuvor wurde in Pakistan eine Verfassungsreform verabschiedet. Sie stärkt u. a. das Parlament und die Rolle des Premierministers, die Kompetenzen der Provinzen gegenüber der Zentralregierung sowie die Unabhängigkeit der Justiz. Zudem wurde das Recht auf Information wie auch das Recht auf Bildung in der Verfassung verankert.

Pakistan ist eine föderalistische, semipräsidentielle Demokratie. Der Premierminister ist das Staatsoberhaupt; seine Aufgaben sind überwiegend repräsentativer Natur. Im Hinblick auf die Legislative verfügt Pakistan über ein Zweikammersystem. So liegt die gesetzgebende Gewalt beim Parlament, welches aus der Nationalversammlung und dem Senat besteht (zwei Kammern).

© Der/die Autor(en), exklusiv lizenziert an Springer Fachmedien Wiesbaden GmbH, ein Teil von Springer Nature 2023
C. Frank-Fahle und M. Trost, *Markteinstieg in Pakistan*, essentials,
https://doi.org/10.1007/978-3-658-42997-3_1

1.1.2 Geografische Lage und Anbindung

Pakistan liegt in der Region Südasien und ist mit einer Gesamtfläche von über 750.000 Quadratkilometern das 33. größte Land der Welt. Zu den Nachbarländern gehören Iran, Afghanistan, China und Indien. Das Land besteht aus vier Provinzen (Tab. 1.1), in welchen mehrere größere Städte (Tab. 1.2) angesiedelt sind.

Außerdem verfügt Pakistan über eine 1046 km lange Küstenlinie am Arabischen Meer und drei gut ausgebaute Seehäfen:

- Karachi Port (Sindh),
- Muhammad Bin Qasim Port (Sindh) und
- Gwadar Port (Belutschistan).

Pakistan verfügt über Verkehrsanbindungen nach Westchina, Afghanistan und in die zentralasiatischen Republiken Turkmenistan, Tadschikistan, Kasachstan und Usbekistan. Die vorgenannten Häfen sind von strategischer Bedeutung für das Land.

Pakistan betreibt mehrere Flughäfen mit internationalen Verbindungen (u. a. Karatschi, Islamabad, Lahore). Anbindungen nach Europa bestehen direkt über Karatschi, Islamabad sowie Lahore oder über die arabischen Golfstaaten.

Tab. 1.1 Provinzen in Pakistan

Belutschistan	Punjab
Khyber-Pakhtunkhwa	Sindh
Daneben gibt es noch das Hauptstadtterritorium Islamabad (Islamabad Capital Territory)	

Tab. 1.2 Städte in Pakistan

Karatschi (ca. 16 Mio. Einwohner – Sindh)	Faisalabad
Lahore (ca. 11 Mio. Einwohner – Punjab)	Multan
Islamabad – Hauptstadt (ca. 1,1 Mio. Einwohner)	Hyderabad
Sialkot	Peshawar

1.1.3 Sprache

Die Amtssprache Pakistans ist Urdu, wobei Englisch ebenfalls als offizielle Sprache anerkannt ist (Art. 251 der Verfassung). Alle offiziellen Dokumente, die bei Behörden eingereicht werden, müssen entweder auf Urdu oder Englisch abgefasst sein. Gerade in Geschäftskreisen wird Englisch in ganz Pakistan anerkannt und gesprochen.

1.1.4 Währung und Gewinnrepatriierung

Die pakistanische Rupie (ISO Code: PKR) ist die offizielle Landeswährung seit 1948. Eine Rupie ist in 100 Paise unterteilt. Die Zentralbank (State Bank of Pakistan) kontrolliert die Währung und reicht die Noten aus.

Es bestehen grundsätzlich keinerlei Beschränkungen im Hinblick auf die Gewinnrepatriierung.

1.1.5 Demografische Besonderheiten

Mit ca. 220 Mio. Einwohnern liegt Pakistan auf Rang fünf der bevölkerungsreichsten Länder der Welt und ist nach China, Indien und Indonesien das viertbevölkerungsreichste Land Asiens. Bei einem derzeitigen Bevölkerungswachstum von 2 % pro Jahr wird die Bevölkerung Pakistans im Jahr 2030 ca. 260 Mio. betragen. Pakistan hat eine überwiegend junge Bevölkerung. Das Durchschnittsalter in Pakistan liegt derzeit bei 22,8 Jahren.

1.1.6 Lebenshaltungskosten und Sicherheit

Die Lebenshaltungskosten in Pakistan sind im Vergleich zu Deutschland gering. Aufgrund der hohen Inflationsrate in den vergangenen Jahren (im Jahr 2022 waren es bis zu 19,9 % – Weltbank) sind jedoch die Kosten des täglichen Bedarfs erheblich gestiegen.

Während sich die Sicherheitslage in den letzten Jahren in den größten Teilen des Landes stark verbessert hat, bleibt die innere Sicherheit Pakistans von Terrorismus, Extremismus und separatistischen Bewegungen bedroht. In der Provinz Khyber-Pakhtunkhwa, in den Stammesgebieten (Region um

Khyber-Pakhtunkhwa) und in der Provinz Belutschistan ist die Sicherheitslage angespannt.

1.2   Wirtschaftliche Entwicklung

Die pakistanische Volkswirtschaft ist mit einem Bruttoinlandprodukt (BIP) von 376,5 Mrd. USD (2022; GTAI) nach Indien und Bangladesch die drittgrößte Volkswirtschaft in Südasien. Wie für nahezu alle Länder stellte die Corona-Pandemie das Land und insbesondere dessen Wirtschaft vor Herausforderungen. Laut Angaben des Internationalen Währungsfonds (IWF) verbuchte Pakistan im Finanzjahr 2019/2020 (01.07.2019 bis 30.06.2020) eine reale Abnahme des Bruttoinlandproduktes (BIP) von 0,4 % und musste aus diesem Grund das erste negative Wachstum seit 68 Jahren hinnehmen. Im April 2022 verzeichnete das Land laut dem IWF ein Wachstum von 4,0 % und übertraf damit die Vorhersagen des IWF (3,0 %).

Das zuvor stetig positive Wachstum des BIP wurde u. a. durch das im Jahr 2013 initiierte Projekt „China-Pakistan Economic Corridor" (CPEC) getragen. Ziel dieses Projekts war es ursprünglich, chinesische Investitionen im Wert von bis zu 47 Mrd. USD ins Land zu bringen. Dieser Wert hat sich auf 62 Mrd. USD (Jahr 2020) erhöht. Infolge dieses Projekts ist China das Land mit den größten Direktinvestitionen in Pakistan.

Im Juli 2023 haben Saudi-Arabien 2 Mrd. USD und die Vereinigten Arabischen Emirate 1 Mrd. USD an Pakistan überwiesen, um die Devisenreserven zu stärken. Der IWF hat eine Finanzierung von 3 Mrd. USD zugesagt. Es wird erwartet, dass Pakistans Wirtschaft inmitten einer Krise stabilisiert wird.

1.2.1   Wirtschaftszentren

Karatschi und Lahore sind die Wirtschaftszentren des Landes. Auch wenn Karatschi 1961 den Status als Hauptstadt verlor, blieb die Stadt gerade aufgrund ihres Hafens das Handels- und Wirtschafszentrum des Landes. Seitdem liefern sich Karatschi und Lahore einen Wettkampf um die Vorreiterstellung.

Die Provinz Punjab mit ihrer Hauptstadt Lahore ist wirtschaftlich die bedeutendste Region Pakistans und trägt überproportional zum nationalen BIP des Landes bei. Die Wirtschaftsleistung der Region Punjab hat sich seit dem Jahr 1972 vervierfacht. Der Anteil am pakistanischen BIP lag im Jahr 2000 bei 54,7 % und im Jahr 2020 bei 59,4 % (IWF).

Sindh ist die zweitgrößte Provinz in Bezug auf die Bevölkerung und das BIP.
Das BIP der Region Sindh wird allerdings überwiegend von der Wirtschaftsleistung Karatschis getragen.

1.2.2 Wirtschaftswachstum in Zahlen

Für das Fiskaljahr 2018/2019 verzeichnete Pakistan mit einem BIP von
314,6 Mrd. USD einen neuen Höchststand. Aufgrund der Corona-Pandemie sank
das BIP in den folgenden Jahren auf 278,2 Mrd. USD (2019/2020: Weltbank)
und 263,7 Mrd. USD (2020/2021: Weltbank).

1.2.3 Inflation

Nachdem die Inflationsrate zwischen 1990 und 2000 bis zu 13 % (Weltbank)
betrug und im Jahr 2009 auf ihren bisherigen Höchststand von 20,2 % (Weltbank)
kletterte, betrug sie im Jahr 2020 9,7 %. Laut der Zentralbank des Landes soll
die Inflationsrate bis 2024 auf 6,45 % sinken. Diese Vorhersage wurde jedoch
vor der Flutkatastrophe im August 2022 getroffen. Im Juli 2023 lag die Inflation bei 28,3 %, allerdings mit deutlich sinkender Tendenz im Vergleich zu den
Vormonaten.

1.2.4 Das Verhältnis der Europäischen Union zu Pakistan

Der Europäische Binnenmarkt ist Pakistans größter Exportmarkt. Dies liegt
u. a. am Zollpräferenzschema der Europäischen Union. Pakistan hat seit
Januar 2014 Zugang zum sog. Generalised System of Preferences Plus (GSP+)
(Abschn. 1.3.4.1) bekommen. Dieses System gewährt die vollständige Abschaffung von Zöllen für mehr als 66 % der in der EU zolltariflich definierten Waren.
Seit 2014 hat das GSP+ den pakistanischen Textilexporten einen Auftrieb gegeben. Stand 2021 gehen ca. 31 % der pakistanischen Gesamtausfuhren in den
Europäischen Binnenmarkt.

Im Juni 2019 haben die EU und Pakistan zudem den sog. Strategic Engagement Plan (SEP) unterzeichnet, in dem beide Seiten bekräftigt haben, die
langfristige, zukunftsorientierte und breit angelegte Partnerschaft für Frieden, Entwicklung und Wohlstand weiter zu stärken. Der SEP gründet auf Grundsätzen der

UN-Charta, internationaler Normen und des Völkerrechts sowie auf den Prinzipien der gegenseitigen Achtung und des Vertrauens. Im Rahmen des SEP streben die EU und Pakistan an, die Zusammenarbeit in verschiedenen Bereichen zu verstärken. Folgende Punkte stehen u. a. auf der Agenda:

- **Frieden und Sicherheit**
  - Stärkung der Zusammenarbeit in den Bereichen Abrüstung sowie Bekämpfung von Terrorismus, grenzüberschreitender Kriminalität und Geldwäsche
  - Einrichtung eines Sicherheitsdialogs
  - Abhaltung regelmäßiger Gespräche des Sicherheits- und Verteidigungsstabs
  - Austausch von Informationen und bewährten Praktiken im Hinblick auf Frieden in der Region (insbesondere Konfliktprävention und -beilegung)
  - Zusammenarbeit bei der Umsetzung der Resolution des UN-Sicherheitsrates bezüglich Frieden und Sicherheit
  - Sondierung von Möglichkeiten der Zusammenarbeit im Bereich der Terrorismusbekämpfung im Zusammenhang mit der Financial Action Task Force (FATF)
- **Demokratie, Rechtsstaat, verantwortungsvolle Staatsführung und Menschenrechte**
  - Verbesserung des interkulturellen Dialogs und Verständnisses zur Förderung von Toleranz und Harmonie
  - Unterstützung der Bemühungen Pakistans in Bezug auf die Umsetzung internationaler Verträge, Konventionen und Abkommen in den Bereichen Menschenrechte, Arbeitnehmerrechte und Umweltschutz
  - Entwicklung der Zusammenarbeit und Austausch bewährter Praktiken zur Stärkung von Frauen (Gender Mainstreaming, Beseitigung aller Formen von Gewalt gegen Frauen)
  - Informationsaustausch und Förderung der Zusammenarbeit zur Stärkung der Demokratie, der Menschenrechte und des Rechtsstaats

1.2.5 Start-up-Szene

Eine Eigenheit Pakistans besteht in der relativ hohen Anzahl an Start-Up-Unternehmen. Das Jahr 2021 führte trotz Pandemie zu einem Anstieg an Start-Ups und war für die Start-Up-Szene in Pakistan bahnbrechend.

Dieser Anstieg ist vor allem auf ausländische Investoren (zunehmend aus den USA, Singapur und den Vereinigten Arabischen Emiraten) zurückzuführen, die in den Jahren 2021 und 2022 mehr Geld als in den Vorjahren in den aufstrebenden pakistanischen Technologiesektor investiert haben.

Das im Silicon Valley ansässige Unternehmen Kleiner Perkins, das schon früh in Alphabet Inc. und Amazon investierte, tätigte 2021 seine erste Investition in Pakistan. Ebenso zählen Defy Partners Management LLC aus den USA, Wavemaker Partners LLC aus Singapur und Zayn Capital Ltd. aus den Vereinigten Arabischen Emiraten neuerdings zu den Investoren innerhalb der pakistanischen Start-up-Landschaft.

1.3 Rechts- und Gerichtssystem

1.3.1 Rechtssystem

Aufgrund der Kolonialgeschichte baut das Rechtssystem Pakistans auf dem früheren britisch-indischen Recht auf, wurzelt also im Common Law und verbindet sowohl westliche als auch islamische Elemente.

Oberste Rechtsquelle ist die Verfassung vom 20.10.1972 (in Kraft getreten am 14.08.1973). Weitere Rechtsquellen sind Gesetze, Rechtsverordnungen, Gerichtsurteile und Gewohnheitsrecht. Nach Art. 227 der Verfassung müssen alle Gesetze mit dem Koran und der Sunna konform sein. Überwacht wird dies von dem Federal Sharia Court, der sowohl auf Bundes- als auch auf Provinzebene Gesetze auf Scharia-Konformität überprüfen kann.

Streng genommen unterliegt das Rechtssystem in der Hierarchie dem islamischen Recht, was sich vor allem im Familien-, Erb- und Strafrecht bemerkbar macht. Dagegen wird das für die wirtschaftliche Betätigung relevante Wirtschaftsrecht nur minimal vom islamischen Recht beeinflusst.

1.3.2 Gerichtssystem

Das pakistanische Gerichtssystem ist ein hierarchisches System mit zwei Klassen an Gerichtsbarkeiten. Die übergeordnete (oder höhere) Justiz und die untergeordnete (oder niedere) Justiz.

Die übergeordnete Gerichtsbarkeit setzt sich aus dem

- Supreme Court Pakistans (oberstes Gericht mit Sitz in Islamabad und zugleich höchstes Berufungsgericht des Landes),
- dem Scharia-Gericht und

• fünf High Courts (für jede der vier Provinzen sowie des Hauptstadtterritoriums Islamabad ist jeweils ein High Court zuständig)

zusammen.

Die niedere Gerichtsbarkeit um die Zivilgerichte in Pakistan wurde auf Grundlage der Zivilgerichtsverordnung von 1962 eingerichtet, die – vorbehaltlich einiger Besonderheiten – in allen vier Provinzen und im Hauptstadtgebiet von Islamabad übernommen wurde und die folgende Hierarchie der Gerichte in absteigender Reihenfolge vorsieht:

• Gericht des Bezirksrichters
• Gericht des zusätzlichen Bezirksrichters
• Gericht des Zivilrichters

Im Allgemeinen sind die Gerichte der Zivilrichter die Gerichte der ersten Instanz. Die Gerichte der Bezirksrichter üben in der Regel die Berufungsgerichtsbarkeit aus. Eine wichtige Ausnahme bildet der Bezirk Karatschi, in welchem dem High Court of Sindh die ursprüngliche Zuständigkeit für Zivilklagen im Wert von mehr als 15 Mio. PKR (ca. 50.000 USD) übertragen wurde.

Die vorgenannten Gerichte fallen in die Aufsichtszuständigkeit eines der fünf High Courts in Pakistan. Die High Courts üben zwar in der Regel eine Berufungsgerichtsbarkeit aus, doch ist ihnen per Gesetz die ursprüngliche Zivilgerichtsbarkeit in bestimmten Angelegenheiten einschließlich Unternehmens- und Banksachen übertragen worden.

1.3.3 Streitentscheidung

1.3.3.1 Rechts- und Gerichtsstandsvereinbarungen

Rechtswahlklauseln und Gerichtsstandsvereinbarungen, welche eine von der gesetzlichen Zuständigkeit der pakistanischen Gerichte abweichende Zuständigkeit normieren, finden vor pakistanischen Gerichten grundsätzlich keine Anerkennung. Maßgeblich sind allein die gesetzlichen Zuständigkeitsregelungen (Art. 20 der pakistanischen Zivilprozessordnung sowie Richterrecht).

Erfahrungsgemäß wird oftmals eine Kombination aus ausländischer Rechtswahl und Schiedsklausel zugelassen. Die Rechtswahlklausel führt in diesem Fall dazu, dass pakistanische Gerichte Rechtsexperten als Sachverständige zu den anwendbaren ausländischen Bestimmungen hinzuziehen müssen. Dies führt mitunter zu erheblichen Verzögerungen im Verfahrensablauf bzw. zu unsachgemäßen Ergebnissen.

Für eine wirksame Vollstreckung bestimmter Verträge in Pakistan müssen diese dem pakistanischen Recht entsprechen und unterliegen, um wirksam zu sein. Dies betrifft u. a. Verträge über die Bestellung von Sicherheiten an in Pakistan belegenen Vermögenswerten (auch als Sicherheiten für einen Hauptvertrag über den Verkauf von Waren).

1.3.3.2 Ordentliche Gerichtsbarkeit

Die ordentliche Gerichtsbarkeit stellt keine Anforderungen an die Partei- und Beteiligtenfähigkeit der betroffenen Parteien. Insofern steht diese auch ausländischen Investoren offen.

Grundsätzlich besteht zwischen den Parteien Vertragsautonomie, jedoch wird diese dahingehend eingeschränkt, dass der Zugang zu den ordentlichen Gerichten stets zu gewährleisten ist. Insofern ist eine Vereinbarung nichtig, die eine Partei daran hindert, ihre Rechte aus einem Vertrag oder in Bezug auf einen Vertrag vor den ordentlichen Gerichten durchzusetzen, oder die den Zeitraum begrenzt, innerhalb dessen sie ihre Rechte durchsetzen kann (Kap. 3, Abschn. 28, Contract Act, 1872). Dies gilt nicht, wenn eine vertragliche Vereinbarung eine Streitigkeit ausschließlich an ein Schiedsgericht verweist.

1.3.3.3 Schiedsverfahren

Die Schiedsgerichtsbarkeit in Pakistan wird durch den Arbitration Act, 1940 (Arbitration Act) für inländische Schiedsverfahren geregelt. Die Grundlage für ein Schiedsverfahren nach dem Schiedsgerichtsgesetz ist eine im Voraus getroffene Schiedsvereinbarung. Es bedarf insoweit einer schriftlichen Vereinbarung, nach der „gegenwärtige oder zukünftige" Streitigkeiten einem Schiedsverfahren unterworfen werden. Da die Schiedsvereinbarung grundsätzlich als Vertrag behandelt wird, sind die allgemeinen Grundsätze des Vertragsrechts in Bezug auf deren rechtliche Wirksamkeit zu beachten.

1.3.3.4 Anerkennung ausländischer Schiedssprüche

Die Anerkennung ausländischer Schiedssprüche ist im Recognition and Enforcement (Arbitration Agreements and Foreign Arbitral Awards) Act, 2011 (Foreign Arbitral Awards Act) geregelt.

Pakistan ist Unterzeichner des UN-Übereinkommens über die Anerkennung und Vollstreckung ausländischer Schiedssprüche von 1958 (New Yorker Übereinkommen) und hat das New Yorker Übereinkommen durch das Gesetz über die Anerkennung und Vollstreckung (Schiedsvereinbarungen und ausländische Schiedssprüche) von 2011 in innerstaatliches Recht umgesetzt.

Ein ausländischer Schiedsspruch, der in einem Land erlassen wurde, das Vertragspartei des New Yorker Übereinkommens ist, wird in Pakistan anerkannt und ist vorbehaltlich geringer Einschränkungen vollstreckbar.

1.3.4 Jüngere regulatorische Entwicklungen

1.3.4.1 Generalised System of Preferences Plus (GSP+)

Das Generalised System of Preferences Plus (GSP+) gewährt die vollständige Abschaffung von Zöllen auf über 66 % der Zolltarifpositionen der Europäischen Union (EU). Im Gegenzug verlangt die EU von Pakistan die Umsetzung von 27 Internationalen Übereinkommen, u. a. in den Bereichen verantwortungsvolle Staatsführung, Menschen- und Arbeitsrechte sowie Umweltschutz. Diese Vorgaben für die verschiedenen Bereiche wurden im SEP zwischen der EU und Pakistan vereinbart (Abschn. 1.2.3). Im Zweijahreszyklus wird evaluiert, ob und inwieweit die Übereinkommen ratifiziert worden sind. Derzeit steht die Evaluierung für die Jahre 2020 und 2021 aus, sodass noch offen ist, ob der am 31.12.2023 auslaufende GSP+-Status ab dem 01.01.2024 um zwei weitere Jahre verlängert wird.

1.3.4.2 Financial Action Task Force

Die Financial Action Task Force (FATF) ist eine internationale Aufsichtsbehörde, die internationale Standards zur Bekämpfung von Geldwäsche, Terrorismusfinanzierung und Finanzierung von Massenvernichtungswaffen setzt und ihre Einhaltung (rechtliche Umsetzung und effektive Anwendung) überprüft.

Pakistan stand seit Juni 2018 auf der grauen Liste der FATF wegen Mängeln bei der Terrorismusfinanzierungs- und Geldwäschebekämpfung. Die Aufnahme in die graue Liste der FATF zog ein verstärktes Überwachungsverfahren nach sich. Obwohl keine direkten wirtschaftlichen Sanktionen an die Aufnahme in die graue Liste geknüpft sind, ergeben sich dennoch faktisch wirtschaftliche Auswirkungen, u. a. in Form eines Reputationsverlustes des Landes.

Die Aufnahme auf die graue Liste der FATF war auch ein Grund für den Abschluss des SEP zwischen der EU und Pakistan. Hierdurch sollten insbesondere eine engere Zusammenarbeit bei der Bekämpfung von Terrorismus und Geldwäsche erreicht und einige Standards aus Europa nach Pakistan gebracht werden.

Die FATF hat im Oktober 2022 beschlossen, dass Pakistan alle inhaltlichen, technischen und verfahrenstechnischen Anforderungen der beiden Aktionspläne 2018 und 2021 erfüllt hat. Infolgedessen wurde Pakistan mit sofortiger Wirkung von der grauen Liste gestrichen. Pakistan hat bei der Erfüllung der Anforderungen beider Aktionspläne im Bereich der Bekämpfung der Geldwäsche und der Terrorismusfinanzierung große Fortschritte erzielt.

Investitionsrechtliche Rahmenbedingungen

2

2.1 Investitionsstandort

Pakistan ist ein sog. Emerging Market. Hinter dem Begriff Emerging Market steckt die gängige Bezeichnung für Märkte in sog. Schwellenländern. Traditionell handelt es sich dabei um Länder, deren Volkswirtschaft sich in einem fortgeschrittenen Entwicklungsstadium befindet, ohne jedoch das Niveau eines entwickelten Industrielandes erreicht zu haben. Dieser – zum Teil erhebliche – Aufholbedarf in Verbindung mit dem hohen Entwicklungspotenzial birgt Chancen für ein dynamisches Wachstum.

Die islamische Republik Pakistan ist mit seiner Bevölkerung (ca. 220 Mio.), einem hohen Anteil junger Menschen (ca. 64 % unter 30) und einer wachsenden Mittelschicht ein attraktiver Absatzmarkt.

In den letzten Jahren ist der Beitrag der Agrarwirtschaft stark zurückgegangen, während der Dienstleistungssektor deutlich wuchs. Der Beitrag der verarbeitenden Industrie ist dagegen nur leicht gestiegen. Zu den wichtigsten Wirtschaftszweigen zählt die exportorientierte Textilindustrie. Stark positioniert ist Pakistan aber auch bei der Herstellung chirurgischer Instrumente aus Metall.

2.1.1 Anreize für eine Investition

Pakistan bemüht sich um Auslandsinvestitionen, um das Wirtschaftswachstum zu beschleunigen. Hierfür wurden verschiedene Wirtschaftssektoren ausgewählt, die durch ausländische Direktinvestitionen gestärkt werden sollen (Tab. 2.1).

© Der/die Autor(en), exklusiv lizenziert an Springer Fachmedien Wiesbaden GmbH, ein Teil von Springer Nature 2023
C. Frank-Fahle und M. Trost, *Markteinstieg in Pakistan*, essentials,
https://doi.org/10.1007/978-3-658-42997-3_2

Tab. 2.1 Zentrale Wirtschaftssektoren für Foreign Direct Investment in Pakistan

Verarbeitung von Lebensmitteln	Automobilindustrie
Landwirtschaft	Bergbau
Logistik	Information und Kommunikation
Verarbeitendes Gewerbe, insbesondere Textil	Öl und Gas
Bau	Finanzdienstleistungen

Zur Unterstützung seiner Investitionspolitik hat Pakistan auch sektorale Investitionsfördermaßnahmen ergriffen, um Investoren in spezifischen Sektoren zusätzliche Anreize zu bieten:

- Automotive Policy 2016
- Strategic Trade Policy Framework (STPF) 2015–2018
- Export Enhancement Package 2019
- Alternative and Renewable Energy Policy 2019
- Merchant Marine Shipping Policy 2019
- Electric Vehicle Policy 2020–2025
- Textile Policy 2020–2025

Zu den sektorspezifischen Anreizen gehören u. a. Steuererleichterungen bzw. -erstattungen, Zollermäßigungen sowie die Bereitstellung spezieller Infrastruktur und Dienstleistungen.

Im Jahr 2013 liberalisierte Pakistan das Ausländerinvestitionsrecht weiter, sodass ausländische Investoren nunmehr – bis auf wenige Ausnahmen – in den meisten Wirtschaftssektoren ohne Restriktionen investieren können. Die aktuelle Investment Policy des Landes sieht vor, dass ausländische Investoren keinen speziellen Einschränkungen unterliegen. Insofern können ausländische Investoren in der Regel ein Unternehmen gründen und dieses zu 100 % im Eigentum halten, führen und Gewinne repatriieren.

2.1.2 Restriktionen für ausländische Investoren

Die investorenfreundlichen Gesetze sehen die Möglichkeit einer 100-prozentigen Kapitalbeteiligung und Repatriierung von Gewinnen vor.

Restriktionen für ausländische Investoren bestehen in Pakistan damit grundsätzlich nicht. Ausnahmen bestehen in den Bereichen:

- Waffen und Munition,
- Hochexplosivstoffe,
- Devisen-/Münzgeschäfte,
- radioaktive Stoffe und
- neue nichtindustrielle Alkoholanlagen.

Mit der Investment Policy von 2013 wurden die Mindestkapitalanforderungen weitestgehend abgeschafft, sodass es keine Mindestinvestitionsanforderungen oder Obergrenzen für den zulässigen Anteil an ausländischem Kapital gibt, mit Ausnahme von Investitionen in den Sektoren

- Bankwesen,
- Fluggesellschaften,
- Landwirtschaft und
- Medien.

2.1.3 Schutz ausländischer Investoren

Ausländische Investoren haben in Bezug auf die Errichtung, den Ausbau, die Verwaltung, den Betrieb und den Schutz ihrer Investitionen Anspruch auf eine Behandlung, die „nicht weniger günstig" ist als diejenige Behandlung, die inländischen Investoren unter gleichen Umständen gewährt wird.

Der Schutz ausländischer Investoren ist u. a. in folgenden Gesetzen geregelt:

- Foreign Private Investment (Promotion & Protection) Act, 1976 (FPIPPA),
- Protection of Economic Reforms Act, 1976 und
- Protection of Economic Reforms Act, 1992.

Der FPIPPA sieht im Übrigen vor, dass auf ausländische Investitionen keine höheren Steuern erhoben werden als auf ähnliche Investitionen pakistanischer Staatsbürger (Gleichbehandlungsgebot).

Darüber hinaus finden sich investitionsschutzrechtliche Bestimmungen in bi- und multilateralen Investitionsschutzabkommen (siehe hierzu auch Abschn. 2.5).

2.1.4 Investitionsförderbehörden

Das Board of Investment (BOI) (https://invest.gov.pk/home) mit Sitz in Islamabad ist die auf ausländische Direktinvestitionen spezialisierte Investitionsförderbehörde. Das BOI wurde mit dem umfassenden Auftrag gegründet, Investitionen in allen Wirtschaftssektoren zu fördern sowie in- und ausländische Investoren bei der Umsetzung ihrer Projekte zu unterstützen. Dies soll die internationale Wettbewerbsfähigkeit Pakistans begünstigen und zur wirtschaftlichen und sozialen Entwicklung des Landes beitragen.

Das BOI fungiert als zentrale Anlaufstelle für bestehende und potenzielle Investoren und versorgt diese in Abstimmung mit anderen Ministerien und Behörden auf Bundes- und Provinzebene mit allen erforderlichen Informationen und bietet ggf. Unterstützung an.

Eine solche Investitionsförderbehörde findet sich jedoch nicht nur auf Landesebene, denn auch auf Provinzebene gibt es Boards of Investment (bspw. das Punjab Board of Investment and Trade). Diese sind in der Regel auf ihre Region spezialisiert und können bisweilen interessante Kontakte aufweisen bzw. vermitteln. Vor diesem Hintergrund ist es empfehlenswert, für den Markteintritt und erste Kontakte über das BOI zu gehen, um sich dann letztlich in einem weiteren Schritt an die Investitionsförderbehörden der Provinzen zu wenden.

2.1.5 Sonderwirtschafts- und Freihandelszonen

Pakistan verfügt über eine Reihe von Sonderwirtschafts- und Freihandelszonen. Die sog. Special Economic Zones (SEZ) und Export Processing Zones (EPZ) genießen eine Reihe von Privilegien, wozu in erster Linie steuerliche Vergünstigungen wie die einmalige Befreiung von Zöllen und Steuern für sämtliche Investitionsgüter gehören. Sofern es sich um Investitionsgüter handelt, die für die Entwicklung, den Betrieb und die Instandhaltung einer SEZ nach Pakistan eingeführt werden, sind diese über die einmalige Befreiung von Zöllen und Steuern hinaus von allen Einkommensteuerarten für zehn Jahre steuerbefreit.

2.1.5.1 Special Economic Zones (SEZ)

Unter dem Investment Policy Act, 2013 wurden erstmals Special Economic Zones (SEZ) errichtet. SEZ sind geografisch abgegrenzte Gebiete, die vom Board of Approval – die ausführende und beaufsichtigende Behörde – genehmigt und registriert wurden. Letztlich sind die SEZ mit Freihandelszonen (wie bspw. in den Vereinigten Arabischen Emiraten) vergleichbar. Der Hauptbeweggrund für die Einrichtung der SEZ besteht darin, ausländische Investoren anzuziehen und neue Arbeitsplätze zu schaffen. Die Gründung und Planung von SEZ kann auf unterschiedliche Weise erfolgen. So können die pakistanische Regierung sowie die Regierungen der Provinzen, aber auch private Parteien eine SEZ gründen. Letztere können dies im Rahmen einer Public Private Partnership (PPP) oder mit Genehmigung der Regierung allein tun. Für die Errichtung einer SEZ sind mindestens 50 ha Land erforderlich. Im Allgemeinen bieten SEZ verschiedene Anreize für Investoren. Mitunter bieten SEZ

- eine einmalige Befreiung von sämtlichen Zöllen und Steuern für Anlagen und Maschinen (mittlerweile hat sich der Anwendungsbereich auf den IT-Sektor und Infrastruktur erweitert), die in die SEZ importiert werden, sowie
- eine Befreiung von der Körperschaftsteuer für fünf Jahre, sofern die Produktion in die SEZ verlagert wird.

Ein detaillierter Überblick über die verschiedenen SEZ (Tab. 2.2) und deren konkrete Investitionsanreize findet sich unter https://invest.gov.pk/sez.

Tab. 2.2 Special Economic Zones in Pakistan

Khairpur SEZ, Sindh	M-3 Industrial City, Faisalabad, Punjab
Allama Iqbal Industrial City SEZ, Punjab	Rachna Industrial Park, Punjab
Boston SEZ, Belutschistan	Bhalwal Industrial Estate, Punjab
Hub SEZ, Belutschistan	Vehari Industrial Estate, Punjab
Bin Qasim SEZ, Sindh	Rahim Yar Khan Industrial Estate, RYK, Punjab
Korangi Creek Industrial Park, Sindh	Rashakai SEZ Nowshehra, Khyber Pakhtunkhwa
Quaid-e-Azam Apparel Park, Punjab	Value Addition City, Faisalabad, Punjab
Naushehro Feroze Industrial Park, Sindh	Oil Village SEZ, Rawalpindi, Punjab
Hattar Special Economic Zone, Khyber Pakhtunkhwa	National Science and Technology Park (NSTP), Islamabad
Service Long march Tyre, Jamshoro, Sindh	Siddiqsons Tinplate SEZ, Hub, Belutschistan

2.1.5.2 Export Processing Zones (EPZ)

Bei Export Processing Zones (EPZ) handelt es sich um Gewerbegebiete, die einer Freihandelszone gleichen. Diese zielen darauf ab, die Ausfuhren des Landes zu steigern. Indem EPZ ein günstiges Umfeld für Investoren schaffen, soll die Industrialisierung des Landes beschleunigt und das Exportvolumen gesteigert werden. EPZ basieren auf der Vorstellung, dass die Investoren in den jeweiligen Zonen exportorientierte Projekte aufnehmen und insoweit ausländische Direktinvestitionen anziehen.

Im Allgemeinen bestehen die Anreize von EPZ in der ausgebauten Infrastruktur, in der zollfreien Einfuhr von Maschinen, Ausrüstungen und Materialien sowie in der Befreiung von nationalen Einfuhrbestimmungen und einer „presumptive tax" von 1 % im Rahmen der Körperschaftsteuer.

Konkret enthalten EPZ folgende Anreize:

- erschlossenes Land zu wettbewerbsfähigen Preisen für 30 Jahre
- zollfreier Import von Maschinen, Ausrüstung und Materialien
- keine Geltung von nationalen Einfuhrbestimmungen
- keine Anwendung von pakistanischen Bestimmungen zur Devisenkontrolle
- freie Gewinnrepatriierung
- keine Umsatzsteuer auf Vorleistungsgüter (Erzeugnisse, die überwiegend für Unternehmen bestimmt sind und dort im Produktionsprozess verbraucht, verarbeitet oder umgewandelt werden, bspw. Metalle, Holz, chemische Grundstoffe), einschließlich Strom- und Gaskosten
- Inlandsmarkt kann in einem Umfang von 20 % bedient werden (Ausnahmen möglich)
- Befreiung von der präsumtiven Steuer in Höhe von 1 %
- nur die EPZ-Behörde ist befugt, bei der Ausfuhr von Waren eine Vorabsteuer zu erheben, die als endgültige Steuerschuld gilt
- alte Maschinen sowie defekte Waren (bis zu einem Preis in Höhe von 3 % des Gesamtwerts) können auf dem pakistanischen Markt nach Entrichtung der Zölle und Steuern verkauft werden

Die relevante Behörde ist die Export Processing Zone Authority (https://epza. gov.pk).

Derzeit gibt es in Pakistan sieben Export Processing Zones (EPZ) (Tab. 2.3).

2.1.5.3 Gwadar Free Zone (GFZ)

Pakistan hat mit China eine Vereinbarung über den sog. China-Pakistan Economic Corridor geschlossen. Diese Vereinbarung sah u. a. die Gründung einer

Tab. 2.3 Export Processing Zones (EPZ) in Pakistan	Karatschi EPZ	Saindak EPZ
	Sialkot EPZ	Duddar EPZ
	Risalpur EPZ	Tuwairqi Steel Mill EPZ
	Gujranwala EPZ	

neuen Free Zone in Gwadar in der Provinz Belutschistan vor. Die Gwadar Free Zone (GFZ) wurde vor einigen Jahren mit dem Ziel gegründet, den Hafen um Gwadar und die gesamte Region zu stärken. So wurden Steuervergünstigungen und -befreiungen für die GFZ implementiert. Durch den Finance Bill Act, 2020 hat die GFZ einige bedeutende Investitionen und Entwicklungen erlebt. So wurde Betreibern, Auftragnehmern, Subunternehmern und Investoren in der GFZ eine 23-jährige Körperschaftsteuerbefreiung und eine Befreiung von der (Einfuhr-) Umsatzsteuer auf bestimmte Waren gewährt.

Vor dem Hintergrund, dass die GFZ aus dem China-Pakistan Economic Corridor hervorgegangen ist, verwundert es kaum, dass der Großteil des Handels mit China über den Hafen Gwadar und die GFZ abgewickelt wird.

2.2 Eigenhändler- und Handelsvertreterrecht

Das pakistanische Handelsvertreterrecht ist im Contract Act, 1872 geregelt. Im Gegensatz zu anderen Jurisdiktionen, wo oftmals zwischen Eigenhändler (Distributor) und Handelsvertreter (Agent) unterschieden wird, spricht der Contract Act, 1872 lediglich von „agent", deckt dabei jedoch das Eigenhändler- und Handelsvertreterrecht ab.

Grundsätzlich besteht keine Pflicht, den Handelsvertretervertrag behördlich registrieren zu lassen, zumal ein Handelsvertreterregister nicht existiert. Angesichts der weitgehenden Vertragsfreiheit ist der Abschluss eines Handelsvertretervertrags formlos möglich, sollte gleichwohl aus Beweisgründen in schriftlicher Form geschlossen werden. Ferner muss es sich um keine direkte Vertragsbeziehung zum Prinzipal handeln. Da das pakistanische Handelsvertreterrecht kein Exklusivitätsverhältnis zwischen Agenten und Prinzipal vorschreibt, kann der Prinzipal auch mehrere Handelsvertreter für dasselbe Gebiet und dieselben Produkte einsetzen, was einen großen Unterschied zu anderen Jurisdiktionen darstellt.

Für den Export nach Pakistan bedarf es grundsätzlich keines pakistanischen Absatzmittlers, allerdings können im öffentlichen Sektor oftmals nur pakistanische Handelsvertreter im Vergabeverfahren mitwirken. Das pakistanische Recht sieht schließlich im Falle der Beendigung des Handelsvertreterverhältnisses keine Ausgleichsansprüche vor. Es ist allerdings zu beachten, dass der Handelsvertreter einen Anspruch auf Schadensersatz gegen den Prinzipal geltend machen kann, wenn der Handelsvertretervertrag unrechtmäßig gekündigt worden ist (bspw. nicht fristgerecht, keine Berechtigung zur außerordentlichen Kündigung etc.). Grundsätzlich ist es daher ratsam, die Kündigungsregelungen unter Einschluss der Kündigungsgründe und -fristen im Handelsvertretervertrag klar zu definieren.

2.3   Gesellschaftsrechtliche Rahmenbedingungen

Für ausländische Investoren sind die

- Repräsentanz (Liaison Office),
- Niederlassung einer ausländischen Gesellschaft (Branch of a Foreign Entity),
- Private Limited Company (Pvt. Ltd. – Kapitalgesellschaft mit beschränkter Haftung) bzw.
- Partnerships (Personengesellschaften)

häufig genutzte Investitionsvehikel.

Die Kapitalgesellschaften untergliedern sich in Private und Public Limited Companies, wobei die von ausländischen Unternehmen am häufigsten genutzte Unternehmensform die Private Limited (Pvt. Ltd.) ist. Dies liegt im Wesentlichen an dem verhältnismäßig einfachen Gründungsprozess.

2.3.1   Repräsentanz (Liaison Office)

Eine Repräsentanz (Liaison Office) wird von ausländischen Investoren genutzt, um für seine Produkte zu werben, technische Beratung und Unterstützung zu bieten, die Möglichkeit einer gemeinsamen Zusammenarbeit zu prüfen und den Export zu fördern. Eine Repräsentanz kann keinen kommerziellen Aktivitäten nachgehen. Die Repräsentanz ist haftungsrechtlich als „verlängerter Arm" der Muttergesellschaft zu begreifen.

2.3.2 Niederlassungen (Branch of a Foreign Entity)

Zudem können ausländische Investoren in Pakistan eine Niederlassung einer ausländischen Gesellschaft (Branch of a Foreign Entity) registrieren. Der sachliche Anwendungsbereich der Niederlassung ist darauf beschränkt, vertragliche Verpflichtungen gegenüber dem öffentlichen bzw. privaten Sektor in Pakistan zu erfüllen. Demnach ist die Niederlassung auf die Durchführung eines bestimmten Vertrags beschränkt. Sie eignet sich folglich nicht als allgemeines Investitionsvehikel. Auch eine Niederlassung ist haftungsrechtlich als „verlängerter Arm" der Muttergesellschaft zu begreifen.

2.3.3 Private Limited Company (Pvt. Ltd.)

Die Haftung einer Private Limited Company (Pvt. Ltd.) ist auf das eingezahlte Stammkapital beschränkt, sodass die Pvt. Ltd. mit einer deutschen GmbH vergleichbar ist.

2.3.3.1 Rechtsgrundlagen
Die maßgeblichen Regelungen u. a. für die Gründung und Verwaltung einer Private Limited Company (Pvt. Ltd.) ergeben sich aus dem Companies Act, 2017.

2.3.3.2 Gründung der Gesellschaft
2.3.3.2.1 Bestimmung des Firmennamens
Ein Antrag auf Genehmigung des gewünschten Firmennamens kann entweder schriftlich oder online bei der Securities and Exchange Commission of Pakistan (SECP) eingereicht werden, über den innerhalb von ca. zwei bis drei Tagen nach der Antragstellung entschieden wird.

2.3.3.2.2 Weitere Voraussetzungen
Nach der Ausstellung der Bescheinigung über die Reservierung des Firmennamens sind der Gesellschaftsvertrag sowie weitere ausgefertigte Vordrucke bei der SECP einzureichen, um den Gründungsprozess einzuleiten.

Nach Genehmigung der Gründung durch die SECP und Eintragung der Gesellschaft müssen die Gesellschafter das Gründungskapital auf das Konto der Gesellschaft einzahlen.

Der Gründungsprozess dauert ca. zwei Wochen, vorbehaltlich der Zeit, die die SECP für etwaige Rückfragen und deren Bearbeitung benötigt. Soweit die Gesellschaft durch eine ausländische juristische Person gegründet wird, sollte bedacht

werden, dass bei der SECP legalisierte und von der pakistanischen Botschaft über-
beglaubigte Unternehmensunterlagen einzureichen sind werden müssen. Dieser
Prozess kann bis zu zwölf Wochen in Anspruch nehmen.

Industrie- oder Handelsbetriebe mit fünf oder mehr Beschäftigten müssen sich
zudem bei der pakistanischen Bundesanstalt für Altersversorgung (Employee Old
Age Benefits Institution – EOBI) für Sozialversicherungszwecke anmelden.

Außerdem ist die neue Gesellschaft beim Federal Board of Revenue (FBR) zu
registrieren und eine nationale Steuernummer (National Tax Number – NTN) zu
beantragen. Parallel kann auch eine Umsatzsteuernummer beantragt werden.

2.3.3.3 Gesellschaftsvertrag und Satzung der Gesellschaft
Der Gesellschaftsvertrag muss die grundlegenden Angelegenheiten der Gesell-
schaft regeln, wie z. B. Ausgabe und Übertragung von Anteilen, Kapitalerhöhung,
Gesellschafterversammlungen, Stimmrechte, Ernennung von Geschäftsführern,
Verwaltung durch den Vorstand, Dividenden, Firmensiegel, Rechnungslegung,
Rechnungsprüfung oder auch die Auflösung der Gesellschaft.

2.3.3.4 Registriertes Kapital
In Pakistan gibt es kein offizielles Mindestkapital für Gesellschaften mit
beschränkter Haftung. Bei den meisten Gesellschaften beträgt das Stammkapital
jedoch in der Regel mindestens PKR 100.000 (ca. 350 USD).

2.3.3.5 Gesellschafter
Eine Gesellschaft muss von mindestens zwei Gesellschaftern gegründet werden.
Nach dem Companies Act, 2017 ist es unter gewissen Voraussetzungen jedoch
auch möglich, eine Einmann-Gesellschaft (Single Member Company) zu gründen.

2.3.3.6 Geschäftsleitung
Die Geschäftsleitung einer Private Limited Company muss aus mindestens zwei
Mitgliedern bestehen, die für eine Amtszeit von drei Jahren ernannt werden.
Darüber hinaus muss ein Unternehmen durch einen Gesellschafterbeschluss
einen Chief Executive Officer (CEO) ernennen, der alle Rechte, Privilegien und
Pflichten dieses Amtes genießt.

2.3.3.7 Dividenden
Die Gesellschafter haben Anspruch auf Dividenden.

Der Beschluss über die Ausschüttung einer Dividende ist von der Geschäftsführung vorzuschlagen und den Gesellschaftern in der Gesellschafterversamm-
lung zur Beschlussfassung vorzulegen.

Gemäß dem Companies Act, 2017 kann die Gesellschaft die Zahlung der Dividende nicht zurückhalten oder aufschieben und ist verpflichtet, sie innerhalb von 30 Tagen nach der Beschlussfassung auszuzahlen.

Die Bruttodividende unterliegt gegebenenfalls der Quellenbesteuerung (Abschn. 3.3).

Eine Pflicht zur (jährlichen) Rücklagenbildung besteht nicht (Companies Act, 2017).

2.3.3.8 Haftung

Die Gesellschafter unterliegen einer beschränkten Haftung bis maximal zur Höhe ihrer geleisteten Stammeinlage an die Gesellschaft (Haftungslimitierung). Das persönliche Eigentum der Gesellschafter steht deshalb grundsätzlich nicht für die Eintreibung von Gesellschaftsschulden zur Verfügung.

Geschäftsführer und leitende Angestellte können sich allerdings haftbar machen, wenn sie es versäumen, die Voraussetzungen des Companies Act, 2017 einzuhalten.

2.3.3.9 Buchführungspflichten und Jahresabschluss

Gemäß Companies Act, 2017 muss jedes Unternehmen an seinem eingetragenen Sitz Bücher und Finanzunterlagen erstellen und aufbewahren. Diese umfassen alle von der Gesellschaft erhaltenen und ausgegebenen Geldbeträge sowie die Angelegenheiten, für die die Einnahmen und Ausgaben getätigt wurden.

Jahresabschlüsse müssen bei der SECP eingereicht werden.

2.3.4 Public Limited Company

Bei einer Public Limited Company handelt es sich um eine mit der deutschen Aktiengesellschaft vergleichbare Rechtsform, die im Gegensatz zu einer Private Limited Company (Pvt. Ltd.) von mindestens sieben Gesellschaftern zu gründen ist.

2.3.5 Partnerships

Personengesellschaften zeichnen sich grundsätzlich durch eine persönliche Haftung der Gesellschafter aus.

Demgegenüber ist eine Limited Liability Partnership (LLP) eine Unternehmensstruktur, die ihren Eigentümern bis zu einem gewissen Grad eine Haftungslimitierung bietet. Die LLP ist eine relativ neue Unternehmensform in Pakistan. Sie wurde 2017 auf der Grundlage des Limited Liability Partnership Act, 2017 aufgrund der hohen Nachfrage nach einer Alternative zur traditionellen Partnerschaftsstruktur bzw. zur Private Limited Company eingeführt.

2.4   Freihandelsabkommen

Derzeit hat Pakistan sechs Freihandelsabkommen abgeschlossen und verhandelt mit der Türkei und Thailand über den Abschluss weiterer Freihandelsabkommen. Darüber hinaus hat Pakistan Präferenzhandelsabkommen mit dem Iran, Mauritius und Indonesien unterzeichnet.

Pakistan ist zudem Mitglied in dem Quadrilate Traffic in Transit Agreement (QTTA). Dies ist ein Transitabkommen mit China, Kirgisistan sowie Kasachstan und dient der Erleichterung des Transitverkehrs und Handels.

Pakistan ist Mitglied der Südasiatischen Freihandelszone (South Asian Free Trade Area – SAFTA). Die SAFTA verpflichtet Entwicklungsländer Südasiens (Indien, Pakistan und Sri Lanka), ihre Zölle auf null zu reduzieren.

Zwischen Indien und Pakistan existiert ein vergleichbares Handelsabkommen (seit 23.01.1975), welches am 21.09.2012 um ein weiteres Abkommen über die Zusammenarbeit und Unterstützung in Zollangelegenheiten erweitert wurde. Derzeit werden jedoch beide Abkommen aufgrund der politischen Probleme zwischen den Ländern nicht umgesetzt.

Pakistan ist Mitglied der in Tab. 2.4 genannten Freihandelsabkommen.

Tab. 2.4 Freihandelsabkommen Pakistans

Nr.	Land	Unterzeichnungsdatum	Inkrafttreten
1	Vereinigte Staaten von Amerika	25.06.2003	25.06.2003
2	Afghanistan	12.06.2011	12.06.2011
3	South Asian Free Trade Area (SAFTA)	06.01.2004	01.01.2006
4	Malaysia	08.11.2007	01.01.2008
5	China	21.02.2009	10.10.2009
6	Sri Lanka	01.08.2002	12.06.2005

Tab. 2.5 Investitionsschutzabkommen

Nr.	Land	Unterzeichnungsdatum	Inkrafttreten
1	Bahrain	18.03.2014	07.10.2015
2	Türkei	22.05.2012	
3	Kuwait	14.02.2011	10.11.2013
4	Tadschikistan	13.05.2004	29.07.2009
5	Kambodscha	27.04.2004	
6	Laos	23.04.2004	19.03.2007
7	Kasachstan	08.12.2003	07.12.2009
8	Bulgarien	12.02.2002	
9	Bosnien-Herzegowina	04.09.2001	14.05.2010
10	Marokko	16.04.2001	
11	Libanon	09.01.2001	28.03.2003
12	Ägypten	16.04.2000	
13	Jemen	11.05.1999	
14	Tschechien	07.05.1999	
15	Philippinen	23.04.1999	
16	Katar	06.04.1999	
17	BLEU (Belgien-Luxemburg Economic Union)	23.04.1998	07.08.2015
18	Japan	10.03.1998	29.05.2002
19	Australien	07.02.1998	14.10.1998
20	Sri Lanka	20.12.1997	05.01.2000
21	Oman	09.11.1997	14.05.1998
22	Italien	19.07.1997	22.06.2001
23	Mauritius	03.04.1997	03.04.1997
24	Belarus	22.01.1997	
25	Dänemark	18.07.1996	25.09.1996
26	Syrien	25.04.1996	04.11.1997
27	Tunesien	18.04.1996	
28	Indonesien	08.03.1996	03.12.1996
29	Iran	08.11.1995	27.06.1998
30	Vereinigte Arabische Emirate	05.11.1995	02.12.1997

(Fortsetzung)

Tab. 2.5 (Fortsetzung)

Nr.	Land	Unterzeichnungsdatum	Inkrafttreten
31	Bangladesch	24.10.1995	
32	Aserbaidschan	09.10.1995	
33	Kirgisistan	26.08.1995	
34	Malaysia	17.07.1995	30.11.1995
35	Schweiz	11.07.1995	06.05.1996
36	Rumänien	10.07.1995	08.08.1996
37	Portugal	17.04.1995	14.12.1996
38	Türkei	16.03.1995	03.09.1997
39	Singapur	08.03.1995	04.05.1995
40	Vereinigtes Königreich	30.11.1994	30.11.1994
41	Turkmenistan	26.10.1994	
42	Spanien	15.05.1994	26.04.1996
43	Tadschikistan	31.03.1994	
44	Usbekistan	13.08.1992	15.02.2006
45	China	12.02.1989	30.09.1990
46	Niederlande	04.10.1988	01.10.1989
47	Südkorea	15.05.1988	15.04.1990
48	Frankreich	01.06.1983	14.12.1984
49	Kuwait	17.03.1983	
50	Schweden	12.03.1981	14.05.1981
51	Rumänien	21.01.1978	31.10.1978
52	Deutschland	25.11.1959	28.04.1962

2.5   Investitionsschutzabkommen

1959 hat die Bundesrepublik Deutschland mit Pakistan das erste moderne Investitionsschutzabkommen geschlossen. Am 01.12.2009 haben beide Staaten ein Nachfolgeabkommen unterzeichnet, welches das vorgenannte Abkommen ersetzen sollte, jedoch bisher noch nicht in Kraft getreten ist.

Pakistan ist Mitgliedstaat der in Tab. 2.5 aufgeführten Investitionsschutzabkommen.

2.6 Gewerblicher Rechtsschutz

2.6.1 Markenrecht

Die Intellectual Property Organisation (IPO) ist in Pakistan für Marken- und Patentangelegenheiten zuständig. Das Markenregister (Trademark Registry) ist die oberste Einrichtung der IPO, die für die Eintragung von Handels- und Dienstleistungsmarken innerhalb der geografischen Grenzen Pakistans gemäß der Trade Marks Ordinance, 2001 zuständig ist.

Das Markenregister arbeitet im Stile eines Zivilgerichts, dessen Entscheidungen angegriffen werden können (Berufung bei den High Courts der Provinzen). Die Leitung des Markenregisters liegt beim Kanzler. Das Markenregister sitzt in Karatschi.

Im Jahr 2021 ist Pakistan dem Madrider System, bestehend aus dem „Madrider Abkommen" und dem „Protokoll zum Madrider Abkommen", beigetreten. Insoweit können lokale Markeninhaber in Pakistan das Madrider System nutzen, um ihre Marken in den 123 Gebieten der anderen 107 Mitglieder des Madrider Systems zu schützen. Voraussetzung ist die Einreichung eines internationalen Antrags unter Anwendung einer einheitlichen Gebührenordnung.

2.6.2 Patentrecht

In Pakistan gibt die Anmeldung eines Patents dem Berechtigten das exklusive Recht, die Erfindung für einen begrenzten Zeitraum von 20 Jahren herzustellen, zu nutzen oder zu verkaufen. Die Erteilung bzw. Registrierung eines Patents schließt andere von der Herstellung, der Nutzung oder dem Verkauf der Erfindung aus. Der Patentschutz beginnt mit der tatsächlichen Erteilung des Patents.

Steuerliche Rahmenbedingungen 3

3.1 Direkte Steuern

Die Income Tax Ordinance, 2001 und die Income Tax Rules, 2002 unterscheiden grundsätzlich zwischen Körperschaft- und Einkommensteuer. Ebenso bilden die jüngst verabschiedeten Gesetze (Tax Law (Second Amendment) Ordinance, 2022 vom 23. August 2022; Finance Act, 2022 vom 30. Juni 2022 und Income Tax (Amendment) Ordinance, 2022 vom 3. März 2022) weitere Rechtsgrundlagen.

3.1.1 Körperschaftsteuer

In Pakistan ansässige Unternehmen unterliegen mit ihrem weltweiten Einkommen der Körperschaftsteuer (sog. Welteinkommensprinzip). Die Steuer wird auf den Gesamtbetrag der Einkünfte erhoben, die das Unternehmen im Steuerjahr – dieses geht in Pakistan grundsätzlich vom 01.07. bis zum 30.06. des Folgejahres – aus allen Quellen erzielt hat, einschließlich Dividenden und steuerpflichtiger Kapitalgewinne. Zweigniederlassungen ausländischer Unternehmen und nicht ansässige Unternehmen werden grundsätzlich mit ihren pakistanischen Einkünften besteuert.

Ein Unternehmen ist in Pakistan ansässig, wenn es in Pakistan gegründet wurde oder wenn seine Kontrolle und Verwaltung während des Steuerjahres ganz oder überwiegend in Pakistan ausgeübt werden.

3.1.1.1 Steuersatz

Der Steuersatz hängt im Wesentlichen von der zugrunde liegenden kommerziellen Aktivität und der Größe des Unternehmens ab (Tab. 3.1).

C. Frank-Fahle und M. Trost, *Markteinstieg in Pakistan*, essentials,
https://doi.org/10.1007/978-3-658-42997-3_3

Tab. 3.1 Allgemeine Körperschaftsteuersätze

Banking Company	35 %
Öffentliche und private Unternehmen	29 %
Small Company	21 % (ab 2023 20 %)

3.1.1.2 Small Company

Die Einstufung als „Small Company" ist gegeben, wenn

1. das eingezahlte Kapital und die nicht ausgeschütteten Rücklagen nicht mehr als 25 Mio. PKR (ca. 85.000 USD) betragen,
2. das Unternehmen weniger als 250 Beschäftigte hat,
3. nicht durch Aufspaltung oder Umstrukturierung eines bereits bestehenden Unternehmens entstanden ist und
4. der Jahresumsatz unter 250 Mio. PKR (ca. 875.000 USD) liegt.

3.1.1.3 Small and Medium Sized Manufacturing Enterprise (SME)

Eine weitere Besonderheit gilt für sog. Small and Medium Sized Manufacturing Enterprises (SME). Um als SME qualifiziert zu werden, muss es sich bei einem Unternehmen um

1. eine juristische Person handeln,
2. die im verarbeitenden Gewerbe tätig ist und
3. deren Geschäftsumsatz in einem Steuerjahr 250 Mio. PKR nicht übersteigt. Sollte der Jahresumsatz den Schwellenwert von 250 Mio. PKR übersteigen, so ist das Unternehmen ab dem betreffenden Steuerjahr nicht mehr als SME einzustufen.

SME unterliegen einer privilegierten Besteuerung, deren Steuersätze sich in zwei Kategorien einteilen lassen (Tab. 3.2).

Tab. 3.2 Körperschaftsteuersätze Small and Medium Sized Manufacturing Enterprises

Kategorie 1: Der Jahresumsatz liegt unter 100 Mio. PKR (ca. 350.000 USD)	7,5 %
Kategorie 2: Der Jahresumsatz übersteigt 100 Mio. PKR, aber nicht 250 Mio. PKR	15 %

Tab. 3.3 Körperschaftsteuersätze Small and Medium Sized Manufacturing Enterprises (FTR)

Kategorie 1: Der Jahresumsatz übersteigt nicht 100 Mio. PKR	0,25 % des Bruttoumsatzes
Kategorie 2: Der Jahresumsatz übersteigt 100 Mio. PKR, aber nicht 250 Mio. PKR	0,5 % des Bruttoumsatzes

In Pakistan werden sämtliche Einkünfte unter dem New Tax Regime (NTR) versteuert. Vereinzelt gibt es jedoch definierte, spezielle Einkünfte, die auch unter das Final Tax Regime (FTR) fallen. SME können alternativ für eine Besteuerung nach dem FTR optieren. Diese Option muss zum Zeitpunkt der Einreichung der Steuererklärung ausgeübt werden und ist für drei Steuerjahre unwiderruflich. Für die umsatzbezogene Besteuerung werden SME in zwei Kategorien eingeteilt (Tab. 3.3).

3.1.1.4 Verlustrechnung und Verlustvortrag

Verluste, ausgenommen Kapitalverluste und Verluste aus Spekulationsgeschäften, können zum Ausgleich von Gewinnen in den Folgejahren für einen Zeitraum von höchstens sechs Jahren unmittelbar ab dem Steuerjahr, für welches der Verlust erstmalig berechnet wurde, vorgetragen werden.

Der Finance Act, 2018 schränkt die Verrechnung von Vorjahresverlusten, die aus Abschreibungen resultieren, ein. Diese Verlustverrechnung wird auf 50 % des Saldos der Einkünfte des Jahres nach Berichtigung des Geschäftsverlustes begrenzt. Ausnahmen bestehen, wenn das zu versteuernde Einkommen für das Jahr unter der Schwelle von 10 Mio. PKR (ca. 35.000 USD) liegt. Erreicht das zu versteuernde Einkommen den Schwellenwert von 10 Mio. PKR nicht, können die vorgetragenen Abschreibungsverluste zu 100 % mit dem Saldo des zu versteuernden Einkommens verrechnet werden.

Ausländische Verluste können nur mit Einkünften aus ausländischen Quellen verrechnet und für einen Zeitraum von höchstens sechs Jahren ab dem Verlustjahr vorgetragen werden.

3.1.1.5 Mindestbesteuerung auf den Umsatz

Wenn die von einem Unternehmen zu zahlende Steuer weniger als 1,25 % des Umsatzes beträgt, muss das Unternehmen eine Mindeststeuer in Höhe von 1,25 % des Umsatzes zahlen. Ausnahmsweise kann diese Steuer in bestimmten Fällen verringert werden (zwischen 0,25 % und 0,75 % des Umsatzes).

Die im jeweiligen Fall über die normale Steuerschuld hinaus gezahlte Steuer kann auf die Steuerschuld eines späteren Steuerjahres angerechnet werden. Diese Steuer kann jedoch nur mit der Steuerschuld der fünf Steuerjahre verrechnet werden, die unmittelbar auf das Steuerjahr folgen, für das der Betrag gezahlt wurde.

3.1.1.6 Super Tax

Ein sog. Super Tax trifft Unternehmen, die im Bankwesen aktiv sind, und betrug im Steuerjahr 2021 4 %. Für das Steuerjahr 2023 wird diese Super Tax auf Einkünfte dieser Unternehmen 10 % betragen, wenn die Einkünfte für das Jahr 300 Mio. PKR (ca. 1 Mio. USD) übersteigen.

3.1.1.7 Besteuerung von Personengesellschaften und Partnerschaften

Eine Personengesellschaft (auch bekannt als Personenvereinigung – Association of Persons) wird über das Vermögen der Gesellschaft besteuert, während der Gewinnanteil der Partner bzw. Gesellschafter von der Steuer befreit ist. Sollte es sich bei einem der Gesellschafter jedoch um eine juristische Person handeln, wird der Gewinnanteil nach den Grundsätzen der Körperschaftsteuer im Vermögen der juristischen Person besteuert.

Eine Partnerschaft mit beschränkter Haftung (Limited Liability Partnership, LLP) ist ein neues Konzept in Pakistan gemäß dem Limited Liability Partnership Act, 2017. Die pakistanischen Steuerbehörden arbeiten derzeit daran, einen Besteuerungsmechanismus für die LLP zu entwickeln und Standards zu definieren.

3.1.1.8 Betriebsstätten

Für die Berechnung des steuerpflichtigen Einkommens einer Betriebsstätte gelten die folgenden Grundsätze:

Bei einer Betriebsstätte handelt es sich um eine eigenständige und getrennte Einheit, die unabhängig von dem Stammhaus handelt, für die sie eine Betriebsstätte begründet.

Abzugsfähig sind u. a.

- Geschäftsausgaben wie Ausgaben für die Geschäftsführung und Verwaltung
- Ausgaben für den Firmensitz einschließlich Miete, Gehälter, Reisekosten und sonstige vorgeschriebene Ausgaben (pro rata) sowie
- Lizenzgebühren, Vergütungen für Dienstleistungen (einschließlich Managementleistungen) und Kreditzinsen.

Für Betriebsstätten gelten umsatzabhängige Mindeststeuervorschriften. Der Steuersatz beträgt für das Steuerjahr 2022 1,25 %.

3.1.2 Einkommensteuer

Steueransässige unterliegen in Pakistan der Einkommensbesteuerung auf ihr weltweites Einkommen. Eine Steueransässigkeit wird begründet, wenn sich die Person an mindestens 183 Tagen in einem Steuerjahr (01.07. bis 30.06.) in Pakistan aufhält, ungeachtet ihrer Staatsangehörigkeit. Eine nicht in Pakistan ansässige natürliche Person wird nur mit Einkünften aus pakistanischen Quellen besteuert, einschließlich Einkünften, die in Pakistan bezogen werden oder als in Pakistan bezogen gelten.

Der Steuersatz hängt maßgeblich von der Höhe des erzielten Einkommens und dem Anteil des Arbeitseinkommens am Gesamteinkommen der steuerpflichtigen Person ab. Die Einkommensteuerraten sind progressiv ausgestaltet (Höchstsatz: 35 %).

3.2 Indirekte Steuern

3.2.1 Umsatzsteuer

Die Umsatzsteuer ist eine Steuer, die auf Grundlage des Sales Tax Act, 1990 auf den Verkauf und die Lieferung von Waren sowie auf nach Pakistan eingeführte Waren erhoben wird. Die Umsatzsteuer auf Dienstleistungen wird gemäß der Islamabad Capital Territory (Tax on Services) Ordinance, 2001 erhoben.

Die Umsatzsteuer (auf lokaler Ebene als „Sales Tax" bezeichnet) wird in der Regel in Höhe von 17 % auf den Wert von Waren erhoben, es sei denn, diese sind ausdrücklich von der Steuer befreit oder unterliegen einem ermäßigten Steuersatz.

Die Umsatzsteuer auf Dienstleistungen wird von allen vier Provinzen, dem Hauptstadtterritorium Islamabad (Islamabad Capital Territory), Gilgit-Baltistan, Azad Jammu und Kaschmir zu Sätzen zwischen 13 % und 16 % erhoben.

Die gewerbliche Einfuhr von Waren unterliegt einer Einfuhrumsatzsteuer von 3 %.

3.2.1.1 Fälligkeit der Umsatzsteuer

Die Umsatzsteuer wird grundsätzlich zum Zeitpunkt der Leistung fällig. Bei Dienstleistungen ist dies in der Regel der Zeitpunkt, an dem die steuerpflichtige

Leistung erbracht oder die Zahlung geleistet wird, wobei der frühere der beiden Zeitpunkte maßgeblich ist. Bei Warenlieferungen ist in der Regel der Zeitpunkt, an dem die Rechnung mit einer Zahlung beglichen wird, maßgeblich. Die Steuer auf die Einfuhr von Waren wird zum Zeitpunkt der Zollabfertigung in Pakistan fällig.

3.2.1.2 Vorsteuer

Ein Vorsteuerabzug ist möglich. Wenn die von einer Person gezahlte Vorsteuer während eines Steuerzeitraums die geleistete Umsatzsteuer (z. B. aufgrund von lokalen Lieferungen zum Nullsatz) übersteigt, wird der überschüssige Betrag der Vorsteuer an die registrierte Person erstattet.

Jede registrierte Person ist grundsätzlich verpflichtet, eine Umsatzsteuererklärung auf dem entsprechenden Webportal der Steuerbehörde Pakistans abzugeben. Die Vorsteuervergütung erfolgt bspw. dergestalt, dass der Käufer zum Zeitpunkt der Abgabe der Umsatzsteuererklärung die im Webportal verfügbaren Einkaufsdaten abruft, um den Vorsteuerbetrag geltend zu machen, die von den Lieferanten zum Zeitpunkt der Abgabe ihrer Umsatzerklärung bereits erklärt wurde.

Der Käufer kann dabei die Vorsteuer im selben Monat, in dem der Verkäufer diese erklärt hat, oder bis zu sechs Monate später geltend machen. Es ist jedoch zu berücksichtigen, dass der Käufer die Vorsteuer nicht geltend machen kann, wenn die Zahlung nicht innerhalb von 180 Tagen nach Rechnungsstellung durch den Verkäufer über den Bankweg erfolgt. Zudem kann der Käufer keine Vorsteuer ziehen, sofern der Kauf mit einer nicht registrierten, gesperrten oder auf der schwarzen Liste stehenden Person abgeschlossen wurde.

3.2.2   Zoll- und Einfuhrabgaben

Zölle und Einfuhrabgaben werden auf der Einfuhrstufe zu Sätzen erhoben, die nach dem Harmonisierten System (HS-Code) klassifiziert sind.

3.3   Quellensteuer

Das pakistanische Steuerrecht unterscheidet bei den Quellensteuern zwischen ansässigen und nicht ansässigen Personen.

Hiernach sind für Nichtansässige, die keine Betriebsstätte in Pakistan haben, Quellensteuern auf Zahlungen wie Gebühren für technische Dienstleistungen, Lizenzgebühren, Dividenden, Zinsen, Versicherungsprämien und Gebühren für digitale Dienstleistungen usw. zu entrichten. Der auf derartige Zahlungen anwendbare Quellensteuersatz liegt zwischen 5 und 20 %, vorbehaltlich etwaiger Erleichterungen im Rahmen des Doppelbesteuerungsabkommens.

Für gebietsansässige Steuerzahler und Steuerausländer mit einer Betriebsstätte in Pakistan gelten Quellensteuern für eine Reihe von Transaktionen wie den Verkauf von Waren, die Ausführung von Verträgen und die Erbringung von Dienstleistungen. Diese Steuern werden im Allgemeinen als transaktionsbezogene Mindeststeuern betrachtet (außer beim Verkauf von Waren durch einen Hersteller oder ein an der pakistanischen Börse notiertes Unternehmen) und können auf die jährliche Steuerschuld einer Person angerechnet werden.

3.4 Tax Compliance

Das Steuerjahr läuft vom 01.07. bis zum 30.06. Die Steuerbehörden sind jedoch befugt, ein hiervon abweichendes Steuerjahr zu genehmigen.

Alle Unternehmen müssen jedes Jahr bis zum 31.12. eine Steuererklärung für das vorangegangene Geschäftsjahr (01.07. bis 30.06.) einreichen, wobei die Geschäftseinkünfte periodengerecht erfasst werden. Wenn das von den Steuerbehörden genehmigte Sonderjahr zwischen dem 01.07. und dem 31.12. endet, muss die Steuererklärung bis zum 30.09. nach dem Ende des genehmigten Steuerjahres eingereicht werden.

Unternehmen müssen auf der Grundlage der Steuerschuld des unmittelbar vorangegangenen Steuerjahres Steuervorauszahlungen für ihre Einkünfte leisten. Die Steuervorauszahlung erfolgt nach Anpassung der an der Quelle einbehaltenen Steuern.

Die Steuervorauszahlungen sind in vier vierteljährlichen Raten am oder vor dem 25.09., 25.12., 25.03. und 15.06. zu entrichten. Die in einem Steuerjahr gezahlte Steuer wird auf die Steuerschuld des betreffenden Jahres angerechnet.

3.5 Doppelbesteuerungsabkommen

Pakistan hat bislang 66 DBAs abgeschlossen, die derzeit in Kraft sind. Diese sind in Tab 3.4 tabellarisch aufgeführt.

Tab. 3.4 Doppelbesteuerungsabkommen Pakistans

Nr.	Land	Unterzeichnungsdatum	Inkrafttreten
1	Österreich	04.08.2005	01.06.2007
2	Aserbaidschan	10.04.1996	24.07.1999
3	Bahrain	08.04.2019	13.07.2020
4	Bangladesch	15.10.1981	08.07.1987
5	Belarus	23.07.2004	30.08.2006
6	Belgien	17.03.1980	02.09.1983
7	Bosnien-Herzegowina	24.08.2004	07.02.2006
8	Brunei	20.11.2008	25.12.2009
9	Bulgarien	21.05.2019	20.02.2020
10	Kanada	24.02.1976	15.12.1977
11	China	08.12.2016	24.04.2017
12	Tschechien	02.05.2014	30.10.2015
13	Dänemark	02.05.2002	28.12.2002
14	Ägypten	16.12.1995	01.09.1998
15	Finnland	30.12.1994	10.04.1996
16	Frankreich	15.06.1994	01.09.1996
17	Deutschland	14.06.1994	30.12.1995
18	Hongkong	17.02.2017	24.11.2017
19	Ungarn	14.02.1992	06.02.1994
20	Indonesien	07.10.1990	28.02.1991
21	Iran	27.05.1999	24.04.2004
22	Irland	16.04.2015	11.10.2016
23	Italien	22.06.1984	27.02.1992
24	Japan	23.01.2008	09.11.2008
25	Jordanien	09.03.2006	07.09.2006
26	Kasachstan	23.08.1995	29.01.1997
27	Kuwait	30.06.1998	01.01.1999
28	Kirgisistan	18.01.2005	12.01.2012
29	Libanon	31.08.2005	26.06.2008
30	Libyen	09.01.1975	01.03.1976

(Fortsetzung)

Tab. 3.4 (Fortsetzung)

Nr.	Land	Unterzeichnungsdatum	Inkrafttreten
31	Malaysia	29.05.1982	09.11.1982
32	Malta	08.10.1975	20.12.1975
33	Mauritius	03.09.1994	19.05.1995
34	Marokko	18.05.2006	08.10.2009
35	Nepal	25.01.2001	13.07.2010
36	Niederlande	24.03.1982	04.10.1982
37	Nigeria	10.10.1989	07.03.1990
38	Norwegen	07.10.1986	18.02.1987
39	Oman	12.06.1999	28.09.2002
40	Philippinen	22.02.1980	24.06.1981
41	Polen	25.10.1974	24.11.1975
42	Portugal	26.06.2000	04.06.2007
43	Katar	06.04.1999	28.03.2000
44	Südkorea	13.04.1987	20.10.1987
45	Rumänien	27.07.1999	13.01.2001
46	Saudi-Arabien	02.02.2006	01.12.2006
47	Serbien	21.05.2010	21.10.2010
48	Singapur	13.04.1993	06.08.1993
49	Südafrika	26.01.1998	09.03.1999
50	Spanien	02.06.2010	18.05.2011
51	Sri-Lanka	05.10.1981	18.06.1983
52	Schweden	22.12.1985	30.06.1986
53	Schweiz	21.03.2017	29.11.2018
54	Syrien	16.03.2001	18.12.2002
55	Tadschikistan	13.05.2004	30.07.2005
56	Thailand	14.08.1980	07.01.1981
57	Tunesien	18.04.1996	05.08.1997
58	Turkmenistan	26.02.1995	01.07.1998
59	Türkei	14.11.1985	08.08.1988
60	Vereinigte Arabische Emirate	07.02.1993	30.11.1994

(Fortsetzung)

Tab. 3.4 (Fortsetzung)

Nr.	Land	Unterzeichnungsdatum	Inkrafttreten
61	Vereinigtes Königreich	24.11.1986	08.12.1987
62	Ukraine	23.12.2008	30.06.2011
63	Vereinigte Staaten von Amerika	01.07.1958	21.05.1959
64	Usbekistan	17.11.2015	25.10.2016
65	Vietnam	25.03.2004	04.02.2005
66	Jemen	02.03.2004	06.01.2006

Arbeitsrechtliche Rahmenbedingungen 4

4.1 Allgemeines

Das pakistanische Arbeitsrecht umfasst zahlreiche Gesetze und Verordnungen, die sich auf Industrie-, Handels- und Arbeitseinrichtungen beziehen.

Die pakistanische Verfassung enthält ebenfalls eine Reihe von Bestimmungen zum Arbeitsrecht. So verbietet Art. 11 der Verfassung alle Formen von Sklaverei, Zwangsarbeit und Kinderarbeit. Art. 18 der Verfassung normiert die Berufsfreiheit. Art. 37 lit. e) der Verfassung legt die Gewährleistung gerechter und humaner Arbeitsbedingungen fest, wobei sichergestellt wird, dass Kinder und Frauen nicht in Berufen beschäftigt werden, die für ihr Alter oder ihr Geschlecht ungeeignet sind, und dass erwerbstätige Frauen Mutterschaftsgeld erhalten. Im Übrigen erlaubt Art. 17 der Verfassung die Gründung von Gewerkschaften. Art. 25 der Verfassung enthält den Gleichheitsgrundsatz.

4.2 Rechtliche Rahmenbedingungen

Das pakistanische Arbeitsrecht setzt sich aus zahlreichen Gesetzten und Verordnungen zusammen. Wichtig sind u. a.:

- Employees' Old Age Benefits Act, 1976
- Provincial Employees' Social Security Ordinance, 1965
- The Industrial and Commercial Employment (Standing Orders) Ordinance, 1968
- Workers' Children (Education) Ordinance, 1972
- Minimum Wages Ordinance, 1961

C. Frank-Fahle und M. Trost, *Markteinstieg in Pakistan*, essentials, https://doi.org/10.1007/978-3-658-42997-3_4

- Payment of Wages Act, 1936
- Workmen's Compensation Act, 1923
- The Factories Act, 1934
- Punjab Shops and Establishments Ordinance, 1969
- Companies' Profits (Workers' Participation) Act, 1968
- Disabled Persons (Employment and Rehabilitation) Ordinance, 1981
- Apprenticeship Ordinance, 1962
- West Pakistan Maternity Benefit Ordinance, 1958
- Workers' Welfare Fund Ordinance, 2002
- Punjab Industrial Relations Act, 2010
- The Industrial Relations Act, 2012
- The Mines Act, 1923

Diese Gesetze und Verordnungen stehen nebeneinander und regeln jeweils einen eigenständigen Bereich. So legt z. B. die Minimum Wages Ordinance, 1961 einen einheitlichen gesetzlichen Mindestlohn fest.

Seit 2010 fällt das Arbeitsrecht in den Zuständigkeitsbereich der Provinzen. Wenn eine Provinz von ihrer Regelungskompetenz keinen Gebrauch gemacht hat, gilt das entsprechende Bundesgesetz fort.

Das grundlegende Verhältnis zwischen Arbeitgeber und -nehmer sowie die Bestimmungen zu Arbeitsverträgen sind in der Industrial and Commerical Employment (Standing Orders) Ordinance, 1968 geregelt. Diese Verordnung ist auf alle Unternehmen anwendbar, die mindestens 20 Arbeitnehmer beschäftigen, und schreibt einen schriftlichen Arbeitsvertrag vor. Bei weniger als 20 Arbeitnehmern existiert in der Praxis dagegen oftmals kein schriftlicher Vertrag.

4.3   Die Begründung des Arbeitsverhältnisses

4.3.1   Individualvertragliche Regelungen

Jeder Arbeitgeber in einem Industrie- oder Handelsbetrieb ist verpflichtet, bei der Einstellung eines Arbeitnehmers ein förmliches Einstellungsschreiben auszustellen. Der obligatorische Inhalt jedes Arbeitsvertrags, sofern er schriftlich abgefasst ist, beschränkt sich auf die wichtigsten Beschäftigungsbedingungen, d. h. Art und Dauer der Anstellung, Zulagen, andere zulässige Zusatzleistungen sowie Ernennungsbedingungen.

4.3.2 Probezeit

Gemäß der Standing Orders Ordinance, 1968 (anwendbar für Unternehmen mit mehr als 20 Arbeitnehmern) beträgt die Probezeit drei Monate.

4.4 Rechte und Pflichten im Arbeitsverhältnis

4.4.1 Rechte des Arbeitnehmers

4.4.1.1 Vergütung

Der monatliche Mindestlohn in Pakistan kann je nach Provinz unterschiedlich ausgestaltet sein. Die Provinzen Punjab und Islamabad haben den Mindestlohn auf 20.000 PKR (ca. 70 USD) angehoben. In der Provinz Khyber Pakhtunkhwa beträgt der gesetzliche Mindestlohn 21.000 PKR pro Monat.

4.4.1.2 Bonuszahlungen

Arbeitgeber mit 20 oder mehr Beschäftigten sind verpflichtet, ihren Arbeitnehmern eine Prämie zu zahlen, die sich nach dem finanziellen Erfolg des Unternehmens richtet. Der Bonus wird je nach Region als Gewinnbonus oder 10C-Bonus bezeichnet. Die Mitarbeiter haben nach 90 ununterbrochenen Arbeitstagen innerhalb des Geschäftsjahres Anspruch auf den Bonus. Der Bonus wird an Arbeitnehmer gezahlt, die keine Aufsichtsfunktion innehaben.

4.4.1.3 Arbeits- und Ruhezeiten

Die Standardarbeitszeit in Pakistan beträgt neun Stunden pro Tag und 48 Stunden pro Woche an sechs Tagen. Die Arbeitnehmer haben täglich einen Anspruch auf eine einstündige Pause und dürfen nicht länger als sechs Stunden ohne Pause arbeiten. Arbeitnehmer, die mehr als achteinhalb Stunden pro Tag arbeiten, haben Anspruch auf mindestens zwei Pausen. Weibliche Beschäftigte dürfen nicht länger als bis 19 Uhr arbeiten.

Nach dem Factories Act, 1934, der nur für Fabriken anwendbar ist, die zehn oder mehr Arbeitnehmer beschäftigen, darf von einem erwachsenen Arbeitnehmer, der das 18. Lebensjahr vollendet hat, nicht verlangt werden, dass er mehr als neun Stunden pro Tag und 48 Stunden pro Woche in einem Betrieb arbeitet. Ebenso darf von einem Jugendlichen unter 18 Jahren nicht verlangt werden, dass er mehr als sieben Stunden pro Tag und 42 Stunden pro Woche arbeitet. Die Provinzregierungen sind darüber hinaus ermächtigt, die Bestimmungen des Gesetzes auch auf Unternehmen mit nur fünf Arbeitnehmern auszudehnen. Handelt es sich um eine Saisonfabrik, so darf ein erwachsener Arbeitnehmer nicht mehr als 50 Stunden pro Woche und nicht mehr als zehn Stunden pro Tag arbeiten. Eine Saisonfabrik im Sinne des Factories Act, 1934 ist eine Fabrik, die ausschließlich eines oder mehrere der folgenden Herstellungsverfahren durchführt: Entkörnung von Baumwolle, Pressen von Baumwolle oder Baumwolljute, Herstellung von Kaffee, Indigo, Kautschuk, Zucker oder Tee.

Verrichtet ein erwachsener Arbeitnehmer in einer Fabrik eine Arbeit, die aus technischen Gründen ununterbrochen über den ganzen Tag verteilt sein muss, so darf er in einer Woche nicht mehr als 56 Stunden arbeiten.

In Fabriken müssen die Arbeitszeiten für alle Gruppen von Arbeitnehmern in jeder Schicht bekannt gegeben und an einer gut sichtbaren Stelle in der Hauptsprache des Industrie- oder Handelsbetriebs ausgehängt werden. Das Gesetz sieht ferner vor, dass kein Arbeitnehmer mehr als sechs Stunden ununterbrochen arbeiten muss, es sei denn, er hat eine Ruhe- oder Essenspause von mindestens einer Stunde eingelegt.

Für Arbeitnehmer in Geschäften und Handelsbetrieben (West Pakistan Shops and Establishments Ordinance, 1969) wird die Wochenarbeitszeit ebenfalls auf 48 Stunden begrenzt. Die Regelung ist für Arbeitnehmer maßgeblich, die weder unter das vorgenannte Fabrikgesetz noch unter das Bergbaugesetz fallen. Die Verordnung gilt in ganz Pakistan mit Ausnahme der föderal verwalteten Stammesgebiete (Federally Administered Tribal Areas).

Im Bereich des Bergbaus (Bergbaugesetz von 1923) wird die wöchentliche Arbeitszeit für Arbeitnehmer grundsätzlich ebenfalls auf 48 Stunden oder acht Stunden pro Tag festgelegt. Dies gilt mit der Einschränkung, dass eine Maximalarbeitsdauer von zwölf Stunden zulässig ist, wobei alle sechs Stunden eine Stunde Pause gemacht werden muss. Für Arbeiten unter der Erde ist die tägliche Arbeitszeit auf acht Stunden begrenzt.

Während des Fastenmonats Ramadan gelten in Produktions-, Handels- und Dienstleistungsbetrieben reduzierte Arbeitszeiten.

Ein Arbeitgeber handelt rechtswidrig, wenn ein Arbeitnehmer an zehn aufeinanderfolgenden Tagen arbeitet, ohne dass ihm ein freier Tag gewährt wird. Kein Arbeitnehmer darf am Sonntag arbeiten, es sei denn, ihm wird innerhalb des folgenden Monats oder der drei vorangegangenen Tage ein Ersatzurlaub gewährt.

4.4.1.4 Überstunden

Überstunden sind zulässig, dürfen aber eine tägliche Gesamtarbeitsdauer von zwölf Stunden nicht überschreiten und werden mit dem doppelten Satz des normalen Tarifs vergütet.

4.4.1.5 Feiertage

In Pakistan gelten folgende gesetzliche Feiertage:

- Kaschmir Tag (05.02.)
- Pakistan Tag (23.03.)
- Tag der Arbeit (01.05.)
- Unabhängigkeitstag (14.08.)
- Geburtstag von Muhammad Iqbal (09.11.)
- Geburtstag von Muhammad Ali Jinnah (25.12.)

Daneben gelten folgende religiöse Feiertage, deren Datum in Abhängigkeit zum Mondkalender bekannt gegeben werden:

- Eid ul-Adha
- Eid ul-Fitr
- Mawlid (Geburtstag des Propheten Muhammad)
- Ashura

4.4.1.6 Urlaubsanspruch und Leistungen bei Krankheit oder Arbeitsunfällen

Bestimmungen hinsichtlich Krankheits-, Gelegenheits- und Jahresurlaub sind sowohl im Factories Act, 1934 als auch in der Shops and Establishments Ordinance, 1969 enthalten.

Jeder Arbeitnehmer, der zwölf Monate ununterbrochen in einer Fabrik gearbeitet hat, hat während des darauffolgenden Zwölfmonatszeitraums Anspruch auf bezahlten Urlaub für einen Zeitraum von 14 aufeinanderfolgenden Tagen.

Nimmt der Arbeitnehmer innerhalb eines Jahres nicht alle ihm zustehenden Urlaubstage in Anspruch, kann er diese in das neue Jahr übertragen, solange es sich nicht um mehr als 14 Tage handelt.

Die ununterbrochene Betriebszugehörigkeit eines Arbeitnehmers von zwölf Monaten gilt auch dann als erfüllt, wenn die Betriebszugehörigkeit während dieser zwölf Monate durch Krankheit, Unfall oder genehmigten Urlaub von insgesamt nicht mehr als neunzig Tagen durch einen nicht rechtswidrigen Streik oder durch unverschuldete Arbeitslosigkeit von insgesamt nicht mehr als dreißig Tagen unterbrochen wurde.

Ein Arbeitnehmer hat Anspruch auf bis zu 90 Tage Krankenurlaub pro Kalenderjahr, wenn in den letzten sechs Monaten vor der Erkrankung Beiträge zur

Krankenversicherung für den Arbeitnehmer entrichtet wurden. Im Todesfall während des Krankheitsurlaubs haben die benannten nächsten Angehörigen Anspruch auf ein Sterbegeld.

4.4.2   Antidiskriminierung am Arbeitsplatz

Nach den Mindestlohnvorschriften von 1961 (Minimum Wages Ordinance, 1961) gilt bei der Festsetzung der Löhne der Grundsatz des gleichen Entgelts für gleichwertige Arbeit für männliche und weibliche Arbeitnehmer.

4.4.3   Mutter-, Jugend- und Arbeitsschutz

4.4.3.1 Mutterschaftsschutz

Während Art. 37 lit. e) der Verfassung regelt, dass Pakistan Mutterschaftsleistungen zur Verfügung stellt, gibt es auf Bundes- und Provinzebene Gesetze und Erlasse, die Mutterschaftsleistungen für Frauen in bestimmten Berufen vorsehen. Die Mutterschaftsgeldverordnung von 1958 sieht vor, dass eine Arbeitnehmerin nach Abschluss einer viermonatigen Beschäftigung bis zu sechs Wochen vor und nach der Geburt Urlaub nehmen kann, während dessen ihr ein Gehalt auf der Grundlage ihres letzten Lohns gezahlt wird. Die Verordnung gilt für alle Industrie- und Handelsbetriebe, die Frauen beschäftigen, mit Ausnahme der Stammesgebiete. Sie sieht auch Einschränkungen für die Entlassung von Frauen während ihres Mutterschaftsurlaubs vor. Ähnliche Regelungen sind im Mines Maternity Benefit Act, 1941 enthalten, der für Frauen, die in den Bergwerken Pakistans beschäftigt sind, maßgeblich ist.

Private und öffentliche Arbeitgeber, die unter der Verwaltungskontrolle der Bundesregierung stehen, sind aufgrund des Maternity and Paternity Leave Act, 2020 verpflichtet, ihren Mitarbeitern bezahlten Mutterschafts- und Vaterschaftsurlaub zu gewähren. Weibliche Beschäftigte haben Anspruch auf einen voll bezahlten Mutterschaftsurlaub von bis zu 180 Tagen für die Geburt des ersten Kindes, 120 Tagen für das zweite Kind und 90 Tagen für das dritte Kind. Für weitere Kinder kann unbezahlter Urlaub gewährt werden. Männliche Arbeitnehmer haben Anspruch auf bis zu 30 Tage voll bezahlten Vaterschaftsurlaub für die ersten drei Geburten.

4.4.3.2 Mindestalter und Schutz von jungen Arbeitnehmern

Nach Art. 11 Abs. 3 der pakistanischen Verfassung ist es Arbeitgebern ausdrücklich verboten, Kinder unter 14 Jahren in Fabriken, Bergwerken oder anderen gefährlichen Arbeitsplätzen einzustellen. Der Factory Act, 1934 erlaubt die Beschäftigung von Jugendlichen im Alter zwischen 14 und 18 Jahren in Fabriken, sofern diese ein Tauglichkeitszeugnis eines Arztes vorweisen können.

Das Gesetz beschränkt die Beschäftigung eines Kindes in einer Fabrik auf fünf Stunden pro Tag. Darüber hinaus darf kein Kind oder Jugendlicher zwischen 19 und 6 Uhr in einer Fabrik arbeiten.

Außerdem darf kein Kind in einer Fabrik an einem Tag arbeiten, an dem es bereits in einer anderen Fabrik gearbeitet hat.

Die Bestimmungen des Factories Act, 1934 werden zusätzlich von den Bestimmungen der Employment of Children Rules, 1995 ergänzt. Diese legen Arbeitsbedingungen zum Schutz von Minderjährigen fest. So müssen die Arbeitsplätze stets sauber sein und in keinem Teil des Betriebes dürfen sich Abfälle, Schmutz oder Unrat ansammeln oder verbleiben.

Nach den Regeln für die Beschäftigung von Kindern wird jeder, der ein Kind beschäftigt oder zulässt, dass ein Kind entgegen der Verfassung arbeitet, mit einer Freiheitsstrafe von bis zu einem Jahr und/oder mit einer Geldstrafe bestraft. Die Wiederholung der Straftat wird mit einer Freiheitsstrafe von bis zu zwei Jahren, mindestens jedoch sechs Monaten, bestraft.

4.4.4 Sozialversicherungsrechtliche Aspekte

4.4.4.1 Companies' Profits (Workers' Participation) Act, 1968

Der Companies' Profits (Workers' Participation) Act, 1968 (WPPF Act) wurde erlassen, um die Beteiligung der Arbeitnehmer an den Gewinnen der Unternehmen zu gewährleisten.

Gemäß dem WPPF Act, 1968 müssen Unternehmen jährlich 5 % ihres Gewinns (vor Steuern) in einen Fonds einzahlen. Die eingezahlten Gewinne sollen an die Beschäftigten ausbezahlt werden, wobei der Mindestlohn die Obergrenze für die Inanspruchnahme des WPPF-Fonds bildet. Arbeitnehmer, deren Gehalt über dem Mindestlohn liegt, haben keinen Anspruch auf Leistungen aus dem WPPF Fonds.

Der Höchstbetrag, der einem einzelnen Arbeitnehmer aus diesem Fonds gewährt werden kann, ist jedoch begrenzt. Infolgedessen werden nur etwa 25 % des Fonds an die anspruchsberechtigten Arbeitnehmer verteilt, und etwa 75 %

gehen an die Regierung, die sie für Sozialprojekte wie Schulen, Wohnsiedlungen und Gesundheitszentren verwendet.

4.4.4.2 Workers' Welfare Fund Ordinance, 1971

Der Workers Welfare Fund ist ein auf Bundesebene verwalteter Fonds, der dem Ministerium für Personalwesen untersteht. Jeder Betrieb, dessen Gesamteinkommen in einem Jahr mindestens 500.000 PKR (ca. 1750 USD) beträgt, muss einen Betrag in Höhe von 2 % seines Gesamteinkommens an den Arbeiterwohlfahrtsfonds zahlen. Die wichtigsten Aufgaben des Fonds sind:

- Bau von Wohnkolonien für die Industriearbeiter
- Bau von Schulen für die Kinder von Industriearbeitern
- Bau von Krankenstationen für Industriearbeiter
- Bau von Trinkwasserversorgungsanlagen
- Bereitstellung von Bildungsstipendien für Arbeiterkinder
- Gewährung von Heiratsbeihilfen (Jahez-Fonds) für die Töchter der Arbeiter (und die Arbeiterinnen selbst)
- Gewährung eines Sterbe- bzw. Beerdigungsgeldes für die Familie eines verstorbenen Industriearbeiters

4.5   Die Beendigung des Arbeitsverhältnisses

4.5.1 Befristung

Das pakistanische Arbeitsrecht verbietet die Einstellung von befristeten Vertragsarbeitern für Daueraufgaben. Die Höchstdauer eines befristeten (Zeit-)Vertrags einschließlich Verlängerungen beträgt neun Monate. Die Gesetze von Khyber Pakhtunkhwa und Sindh erlauben die Einstellung von Vertragsarbeitern, wenn die Vertragsdauer im Vertrag selbst festgelegt ist.

4.5.2 Kündigung

Ein Arbeitsvertrag kann entweder durch einfache Kündigung erfolgen (d. h. Kündigung aus anderen Gründen als Fehlverhalten unter Einhaltung einer Kündigungsfrist) oder durch Kündigung wegen Fehlverhaltens beendet werden. Die

Standing Orders Ordinance, 1968 verlangt ein schriftliches Kündigungsschreiben, in dem die Gründe für die Kündigung ausdrücklich genannt werden. Dies gilt sowohl für eine einfache Kündigung als auch für eine Kündigung aufgrund von Fehlverhalten.

4.5.2.1 Ordentliche Kündigung

Die ordentliche Kündigung ist bei unbefristeten Arbeitsverhältnissen obligatorisch. Vor der Auflösung des Arbeitsverhältnisses ist eine Kündigungsfrist von einem Monat einzuhalten oder es kann anstelle der Kündigung ein Monatsgehalt gezahlt werden (Sec. 12.1 of Standing Order 12 of the ICEO, 1968).

4.5.2.2 Außerordentliche Kündigung

Schweres Fehlverhalten ist ein ausreichender Grund für eine Kündigung, vorausgesetzt, der Arbeitnehmer erhält die Möglichkeit, sich zu den gegen ihn erhobenen Vorwürfen zu äußern.

Die Rechtsprechung hat eine Reihe von Gründen für die fristlose Beendigung des Arbeitsverhältnisses (außer bei Fehlverhalten) entwickelt, darunter schwere Krankheit, Arbeitsunfähigkeit, finanzielle und wirtschaftliche Bedürfnisse des Unternehmens.

4.5.2.3 Abfindung nach Kündigung

Nach den Bestimmungen der Standing Orders Ordinance, 1968 hat ein Arbeitnehmer, dessen Arbeitsverhältnis aus einem anderen Grund als wegen Fehlverhaltens beendet wird (ordentliche Kündigung), Anspruch auf eine „Abfindung oder Gratifikation" in Höhe eines Monatsgehalts für jedes vollendete Dienstjahr sowie für ein nicht vollendetes Dienstjahr, sofern dieses mindestens sechs Monate beträgt (z. B. werden vier Jahre und acht Monate als fünf Jahre gezählt). Hat das Arbeitsverhältnis ununterbrochen länger als fünf Jahre gedauert, erhöht sich der Anspruch auf zwei Monatsgehälter pro Dienstjahr. Der Arbeitgeber kann die Gratifikation durch eine Unterstützungskasse (eine Art Pensionskasse) ersetzen.

Fazit und Ausblick 5

Pakistan öffnet seine Türen für ausländische Investoren. Trotz anhaltender Herausforderungen hat sich das Investitionsklima im Land grundsätzlich verbessert und die Investitionsbereitschaft ausländischer Unternehmen bleibt auf einem vielversprechenden Niveau. Unter der Führung des ehemaligen Premierministers Imran Khan wurde die Bemühung um ausländische Investitionen zu einer Priorität erklärt. Ziel ist es, Arbeitsplätze zu schaffen und die industrielle Basis zu stärken und zu modernisieren.

Pakistan bietet liberale Investitionsbedingungen und profitiert von seiner großen Bevölkerung und wachsenden Mittelschicht. Mit rund 60 Mio. potenziellen Konsumenten aus der Mittelschicht eröffnet sich ein schnell wachsender Absatzmarkt. Zudem hat Pakistan sich als Outsourcing-Hub etabliert, insbesondere im IT- und Textilsektor. Der Landwirtschaftssektor bietet ebenfalls Investitionsmöglichkeiten, obwohl er sich nach der Flutkatastrophe zunächst erholen muss.

Um ausländische Investoren anzuziehen, hat Pakistan das Board of Investment (BOI) eingerichtet. Ein One-Stop-Service für Immobilien wurde 2020 eingeführt und soll auf andere Sektoren ausgeweitet werden. Die Schaffung von Special Economic Zones (SEZ) zielt ebenfalls auf ausländische Investitionen ab. Im Bankensektor arbeitet Pakistan mit der Weltbank zusammen, um internationale Standards zu erfüllen und das Geschäftsklima zu verbessern. Bemühungen zur Reduzierung von Bürokratie sind erkennbar, einschließlich automatisierter Grundbucheinträge und Online-Steuererklärungen.

Trotz jüngster innenpolitischer Herausforderungen arbeitet Pakistan daran, an seine frühere Entwicklung anzuknüpfen. Die Folgen der schweren Flutkatastrophe belasten Gesellschaft, Wirtschaft und Infrastruktur. Inflationsdruck und die

© Der/die Autor(en), exklusiv lizenziert an Springer Fachmedien Wiesbaden
GmbH, ein Teil von Springer Nature 2023
C. Frank-Fahle und M. Trost, *Markteinstieg in Pakistan*, essentials,
https://doi.org/10.1007/978-3-658-42997-3_5

Bedrohung einer Nahrungsmittelkrise setzen das Land zusätzlich unter Druck. Die bevorstehende Wahl im Jahr 2024 wird den Weg für Pakistans Zukunft weisen. Die anhaltende Unsicherheit in Afghanistan muss ebenso berücksichtigt werden.

Was Sie aus diesem *essential* mitnehmen können

- Grundverständnis über die investitionsrechtlichen Rahmenbedingungen in Pakistan
- Sensibilisierung für gesellschafts-, steuer- und arbeitsrechtliche Kernthemen
- Entscheidungshilfe in Bezug auf eine Investitionsstrukturierung in Pakistan

Printed in the United States
by Baker & Taylor Publisher Services